LE

BONNET VERT

PAR J. MÉRY.

QUIS VINCERE FATUM !

TROISIÈME ÉDITION.

TOME PREMIER.

A. Boulland, Éditeur.

LE

BONNET VERT.

AMIENS, IMP. DE J. BOUDON-CARON.

LE

BONNET VERT

PAR J. MÉRY.

QUIS VINCERE FATUM !

TROISIÈME ÉDITION.

TOME SECOND.

PARIS.

A. Boulland, Libraire,

RUE SAINT-HONORÉ, N°. 199.

M DCCC XXXI.

Le Travail.

Ah! voici qui va rompre la monotonie de mes jours ; et me donner
patience pour attendre mon heure
de mort! C'est d'aujourd'hui que date
ma vie du bagne. En punition de mon
évasion, je suis accouplé à mon voisin le faux monnayeur, et nous avons
travaillé dix heures au chantier. Il a
fallu trois jours au conseil suprême
pour prendre cette haute décision.
Merci.

Oh! que la société doit être contente! J'ai aujourd'hui démoli à coups de hâche la quille d'un vieux vaisseau, et je me suis blessé trois fois, aux éclats de rire de mes compagnons. On m'a dit que je serai plus adroit demain: avec un peu d'ambition, je puis devenir bon charpentier dans un quart de siècle, je serai jeune encore ; j'aurai même quelque orgueil à voir passer dans la rade un beau trois ponts né dans mon chantier. Avant de mourir, j'ai du temps assez pour construire une petite escadre. A l'article de la mort, c'est une consolation.

J'ai dîné en famille aussi ; ma journée est complète : on m'a jeté le fromage de Gruyère et le biscuit, comme à un chien ; un argousin m'a imposé silence , parce que je critiquai l'ordonnance du festin : je suis tombé en récidive, il m'a menacé du bâton. Oh! l'avilissement est plein ; je n'ai plus rien à désirer. Eh! bien, je veux me mettre au niveau de tous ; je veux être digne de mon titre, et justifier la rigueur des lois. Oh! gens vertueux, qui vous promenez avec quelques passions dans le monde, et qui marchez à votre insu sous les batteries du Code pénal, une réflexion bien naturelle ne vient jamais vous empoisonner. Ne savez-vous pas que l'irritation d'un moment, dans vos villes d'orages, peut changer du soir au matin votre feutre noir contre un bonnet vert? Je parierais qu'à l'instant où j'écris, mille jeunes gens, fort honnêtes d'ailleurs, méditent l'émission d'une fausse pièce qu'ils n'ont pas fabriquée ; que mille jaloux parlent d'assommer un amant heureux ou de poignarder une amante infidèle ; que de hauts fonctionnaires, d'avides usuriers, de riches fournisseurs, soit par des concussions ou des vols en grand, sautent à pieds joints sur les terribles lignes du Code qui les envoient à Toulon, si le bonheur ou la protection ne les sauve pas. Qu'ils viennent, ces galériens de droit, sinon de fait, contempler cet enfer terrestre dont ils ont conquis une place, ces hideux festins, ces chantiers brûlants dont ils se sont faits les convives et les ouvriers ; et qu'ils m'accusent ensuite sans pudeur, et qu'ils donnent leur approbation à mon châtiment ! C'est cette idée d'être le privilégié du malheur qui m'accable ; je me dévouerais gaiement à mon avenir de sueurs, si je savais que la société est pure et que tous les coupables sont ici.

La Veillée.

C'EST conclu, mettons-nous à leur niveau, prenons leur langage, leur insouciance, leurs vices même, s'il le faut. J'ai déjà fait trois camarades ; de bons vivants, comme on les appelle ici. J'ai passé la soirée avec eux ; ils m'ont conté leurs histoires, intéressantes comme des romans. Que de héros dignes d'être imprimés en quatre volumes vivent dans ce bagne !

Quelle collection de drames on pourrait tirer de cet arsenal! La vivacité, le pittoresque des expressions et des récits, sont ici choses naturelles ; je veux transcrire une de ces biographies dans mes loisirs ; elles pourra être méditée un jour avec fruit par d'autres : ce sont d'éloquentes leçons.

Robinson. *

MA vie a commencé de bonne heure. Je suis né près d'ici, à la Ciotat, en 1782. A neuf ans j'étais mousse à bord du *Solide*, et je fis le tour du monde avec le capitaine Marchand, qui se brûla la cervelle à l'île de France. Son lieutenant, M. M***, ramena le vaisseau à Toulon. Je descendis sur

---

* C'est le surnom du galérien célèbre dont on va lire l'histoire.

ce quai, plus riche que je ne le suis aujourd'hui ; j'avais quelques pelleteries que j'avais achetées sur les côtes de la Chine, et trois cents francs. En arrivant chez moi, mon père me prit mon trésor pour le garder ; il le joua à la vendôme dans un cabaret, le perdit, et me mit à la porte de la maison, en me disant d'aller chercher fortune. Cette injustice décida de ma vie, et m'a fait ce que je suis.

Je vécus quelques années, mendiant sur la grande route, pour vivre. Un jour, je me décidai à partir pour Marseille. J'avais sur moi un livret où étaient inscrits mes petits états de service ; je les montrai le lendemain à tous ceux qui m'étaient désignés comme capitaines marins. Enfin, je rencontrai M. M***, qui me reconnut et me promit de me placer sur quelque bord; mais sa protection me fut inutile, parce que le commerce était mort et tous les bâtiments désarmés. M. M*** me donna quelque argent et me conseilla de partir pour Toulon, et de m'y engager dans la flotte de la république.

Me voilà encore en route. C'était dans le mois de décembre; il tombait de la neige, et j'avais froid, parce que j'étais habillé comme au printemps. La nuit me surprit dans un vallon fort sombre et désert, qu'on appelle le *Vaisseau*. Il y avait à cent pas de la grande route une maison isolée d'où sortait une clarté vive; je m'en approchai pour y demander une petite place au feu et un verre de vin; j'avais de l'argent pour payer.

Le vestibule était vide ; j'ouvris une porte à gauche, et je me trouvai dans une grande salle sans meubles, éclairée par le feu brillant d'une large cheminée à niveau du plancher. Quatre hommes assez mal vêtus se chauffaient en fumant, et une vieille femme filait, assise sous le manteau. « Que veut ce jeune homme ; » dit un des quatre en me voyant entrer. Je répondis gaiement : « Me chauffer un instant, avec votre permission, mes braves gens, et boire un coup ; j'ai l'estomac et les pieds gelés. — Allons, assieds-toi-là : tante Anne, faites boire cet enfant. Et où vas-tu comme ça ? — A Toulon, citoyen. — Pas de citoyen ici, entends-tu ? — Ah ! ne vous fâchez pas, monsieur, je ne savais pas votre usage ; je suis marin et j'arrive du bout du monde. — Ah ! tu nous conteras ton voyage cette nuit : nous ne nous couchons pas, nous ; as-tu sommeil, toi ? — Moi, je n'ai jamais sommeil ; les marins ne dorment pas. — Bien ! Est-il dégourdi, ce gaillard ! Et as-tu beaucoup d'argent ? — J'ai deux écus de 6 francs à votre service, monsieur. — Bravo ! il est généreux comme un roi : et que vas-tu faire à Toulon. — Je n'en sais rien ; j'espère trouver quelque place sur un vaisseau de la république. — Oh ! ils sont dans un joli état les vaisseaux de ta république ! Tu mourras de faim, mon petit ; car tes 12 francs ne te mèneront pas loin. — On ne meurt pas de faim quand on aime le travail et qu'on est vigoureux. »

La vieille me servit des œufs durs et du pain, sur une petite table dans un coin de la salle ; et je mangeais en observant mon questionneur et ses compagnons. Ils parlaient à voix basse, et me regardaient parfois avec intérêt. Quand j'eus fini, je me levai en jetant sur la table une pièce de 6 francs. « Va, garde ta pièce, me dit toujours le même homme ; nous paierons pour toi. Ecoute, mon enfant, puisque tu ne crains pas la fatigue, il faut que tu me rendes un service. — Volontiers, monsieur ; que puis-je faire pour vous? — Sors avec moi, je te parlerai. »

Nous sortîmes sur la petite terrasse. Le froid était moins vif, la neige ne tombait plus.

« Mon petit ami, me dit l'inconnu, veux-tu gagner un louis d'or? » Je sautai de joie, en criant: « Oui. —

Vois-tu ce vallon-là, vis-à-vis? — Je le vois. — Il faut le suivre et remonter jusqu'au sommet de cette montagne ; arrivé là, tu ramasseras des broussailles et des pins secs, et tu feras un grand feu ; tu redescendras ensuite par le même chemin ; voilà un briquet, du souffre et de l'amadou : dans une heure tu dois être de retour ; je t'attends, et voilà le louis d'or qui t'attend aussi. »

Je partis comme un éclair dans la direction indiquée ; la neige était presque fondue ; il soufflait une petite brise de sud. J'arrivai tout essoufflé sur la montagne, mais je n'y trouvai ni broussailles ni pins ; le sommet était pelé comme l'île Baux, que nous découvrîmes dans la mer du Sud. Je voyais bien sur un pic voisin des bouquets d'arbres ; mais il fallait descendre dans un vallon et remonter encore : c'était beaucoup de temps perdu, et l'heure s'écoulait. Une idée me saisit ; je fis un bûcher de mes vêtements et de mon chapeau goudronnés ; une flamme forte et bien nourrie s'éleva ; et je revins au gîte, nu et transi.

Cet exploit me valut les plus grands éloges ; j'en étais fier ; la vieille me servit du vin vieux ; on jeta, en mon honneur, de nouveaux fagots à la cheminée, et je me revêtis provisoirement des habits d'un jeune pâtre qui dormait dans le cellier.

J'avais besoin de dormir aussi ; mes paupières se fermaient malgré moi. J'allais succomber au sommeil, lorsqu'un coup de sifflet, plein et prolongé, retentit dans le vallon. Je me

levai subitement, en disant : « Enten-
dez, il y a des voleurs près de nous.
— Crois-tu ? me dit l'inconnu. — Eh !
qui sifflerait de nuit dans ce désert ?
— Ah ! tu as raison ; on vient nous
attaquer, sans doute. Eh ! bien, que
faut-il faire ? — Nous défendre à coups
de poings. — Oh ! mon petit, tu ne
serais pas le plus fort contre des voleurs : veux-tu des armes ? — Donnez,
donnez. — Tiens, voilà une paire de
pistolets ; mets-toi en sentinelle sur la
porte, et tue les deux premiers : nous
nous chargeons des autres. »

Je m'emparai des armes avec la
fierté d'un homme, et je pris mon
poste en les croisant sur la poitrine.
Mon œil perçait les broussailles et les
petits bois de pins dont notre ferme
était entourée. Tout-à-coup je vois

briller des armes le long d'une ma-
sure abandonnée, qui, une heure
avant, m'avait servi de point de re-
connaissance. « Les voilà ! les voilà !
dis-je à voix basse, en m'adressant à
mes nouveaux compagnons. — C'est
bien, « me répondit tranquillement
l'un d'eux. En ce moment je décou-
vris toute la bande ; elle était nombreuse et se dirigeait sur un petit pont
jeté sur le lit desséché d'un torrent.
J'arme mes pistolets ; je vise la première file et presse la détente.... Au
lieu de la double détonnation, je n'entendis que de longs éclats de rire et
des applaudissements. Mon premier
interlocuteur vint à moi et m'embrassa : « Tu es un homme, me dit-
il, et ta fortune est faite ; compte sur
nous. »

Les quatre hommes sortirent de la
ferme sans armes, et se mêlèrent ami-
calement à ceux qui arrivaient. Je
compris alors que je me trouvais au
milieu d'une bande de voleurs, que
j'avais appelés moi-même avec mon
feu. Ils s'entretenaient probablement
de moi; car de temps en temps le seul
qui m'eût parlé me désignait de la
main aux autres, et quelques instants
après deux ou trois se détachèrent du
corps et vinrent me féliciter de mon
courage et de ma présence d'esprit.
Bien loin d'être honteux de me trouver en pareille compagnie, j'en res-
sentis de l'orgueil; mon amour-pro-
pre était satisfait; j'avais rendu service à des hommes; il m'importait peu
que ces hommes fussent des brigands:
j'avais l'amour des aventures péril-

leuses, et cette rencontre m'en pro-
mettait pour l'avenir.

Les chefs s'étaient retirés à l'écart
sous un mûrier, et ils tenaient conseil,
sans doute. Souvent ils regardaient les
étoiles, comme pour y consulter l'heure, et ils imposaient silence à la bande
pour prêter l'oreille aux bruits de la
nuit qui sortaient des bois de pins. Un
petit coup de sifflet rallia la troupe ;
ils étaient tous armés de carabines ,
de haches et de pistolets: mon pro-
tecteur , qui était le chef principal ,
me donna un fusil de chasse et des
munitions , et je me mis à la file d'a-
près son ordre.

Nous marchâmes long-temps dans
une plaine inculte au bout de laquelle

était un petit bois que nous traversâmes ; à la lisière se trouvait le grand chemin, bordé par une haie d'aubépine. Là, on fit halte ; le chef inspecta nos armes, nous ordonna de nous coucher à plat-ventre et de nous lever au premier coup de feu.

Une heure après environ nous entendîmes distinctement vers l'est un galop de chevaux et des roulements de roues. Ce bruit devint tout-à-coup plus clair, et il paraissait qu'une voiture publique, escortée de cavaliers, venait de déboucher d'une gorge et entrait dans notre vallon. Alors on entendit la voix de notre chef prononcer cet ordre: *A toi*, *Marnet*. Ce Marnet se leva seul et attendit. La voiture n'était qu'à trente pas. Notre homme, d'une voix de tonnerre, cria:

Alte ! Votre trésor ou la vie ! Un coup de feu partit de l'escorte ; Marnet tomba : nous nous levâmes soixante.

Soixante, avec des cris horribles, en faisant feu de toutes nos carabines. Des douze dragons qui escortaient, sept tombèrent morts ; les autres s'enfuirent au grand galop : la voiture fut mise en pièces à coups de hache ; on retira du secret quantité de sacs ; on ne prit rien aux voyageurs. En cinq minutes tout fut fini.

Dans ma longue vie d'aventures, rien ne m'a plus frappé que cette scène de nuit. Tous mes camarades d'ici conviennent que c'est la plus belle arrestation qu'on ait faite. Par un hasard assez singulier, j'ai rencontré, vingt ans après, un des dragons de l'escorte

qui me dit que les cheveux se dres-
saient encore sur sa tête, quand il
pensait à cette épouvantable apparition.

Après cette scène, nous nous en-
fonçâmes dans les bois, vers le nord.
A notre droite, nous laissions une
vaste plaine déserte ; à gauche, nous
suivions une longue chaîne de montagnes incultes , comme celles qui
aboutissent à la montagne du Lion,
au Cap-Sud de l'Afrique. Ce chemin
paraissait parfaitement connu de tous.
Après deux heures de marche , nous
commençâmes à gravir une montagne
toute couverte de petits rocs brisés.
J'étais épuisé de fatigue. Arrivés au
sommet, nous descendîmes par des
sentiers doux qui nous conduisirent
sur le flanc d'un pic suspendu sur un

abyme. On fit alte. L'aube blanchis-
sait déjà l'Orient ; la moitié de la
bande était déjà entrée dans une
grotte immense, taillée dans le roc,
éclairée par un grand feu. A droite,
je voyais les ruines d'un couvent in-
cendié ; à gauche et sous mes pieds
commençait une forêt magnifique qui
se perdait dans l'ombre. Ce point me
parut bien choisi pour une retraite
de voleurs. *

J'entrai dans la grotte où déjà mes
camarades se partageaient le butin ;
mais le sommeil fut plus fort chez moi
que l'amour de l'argent ; je me cou-
chai sur une espèce d'autel de mar-
bre, au fond de la grotte, et je m'em-
dormis.

* C'est probablement la Sainte-Baume.

A mon réveil, la grotte était déserte
et le feu éteint ; il faisait grand jour.
Je sortis pour chercher mes compagnons : il y avait sur la plate-forme une
sentinelle qui m'indiqua la partie du
bois où je les trouverais. Ils étaient
tous couchés en demi-cercle devant
une fontaine agreste, et mangeaient en
s'entretenant de choses étrangères à
leur profession de voleurs. Ils avaient
presque tous meilleure mine que je
ne pensais ; les plus jeunes surtout me
frappaient par leurs manières distin-
guées et la douceur de leur accent : le
capitaine seul avait un ton et une figure rudes ; il me fit signe d'approcher, et me servit du mouton rôti,
des poires sauvages et du vin : je dé-
vorai tout. « Il paraît que tu as bon
appétit, Olivier, me dit-il. — Oui,
capitaine. — Nous sommes contents

de toi, tu as bien travaillé; mais ce n'est pas tout, il faut travailler encore, si tu veux manger demain. Voilà le reste de nos provisions. — Vous n'avez qu'à me commander, capitaine. — Ecoute-moi: cette nuit, nous nous sommes battus pour avoir l'argent de leur république ! mais, autant que possible, nous aimons à épargner nos cartouches et le sang surtout. Nous bénissons le ciel, quand il nous donne, par faveur, l'occasion de nous rassasier sans être cruels ; mais il faut manger, et tout moyen est bon pour se procurer le pain et la viande des républicains. Ce soir j'ai su, par mon espion, qu'il y avait noce à la Grande-Peyrade, de l'autre côté du plan d'Aups, à deux lieues d'ici. C'est un *ménage* de gens riches; il faut que nous soupions à leurs frais,

Sais-tu lire, Olivier? — Oui, capitaine. — Tiens, prends ce papier, et suis mot par mot toutes les instructions que je t'ai indiquées. T'es-tu bien reposé ce matin? — Oui, capitaine. — Te voilà frais maintenant ; pars. »

Je dis adieu à la bande, et je m'enfonçai dans le bois en marchant vers le nord. A la lisière du bois commençait une large plaine semée de blés ; j'avais en face une ceinture de rochers que je franchis. J'aperçus d'une hauteur un grand mûrier isolé sur lequel je me dirigeais, d'après mes indications. J'entrai dans un vallon étroit, et je ne tardai point de découvrir la Grande-Peyrade, bâtie sur le penchant d'une colline. Je m'arrêtai, et j'attendis la nuit.

A l'heure indiquée, je me présente à la porte de la maison dans mon costume de pâtre. A force de cantiques et de pleurs j'attire l'attention des gens de la noce : on me fait entrer, pour que je porte bonheur aux mariés ; on me fait asseoir à la table des domestiques ; je leur invente une histoire de mes malheurs ; toute la maison s'intéresse à mon sort ; le maître me prend à son service comme garçon de ferme ; je me précipite à ses pieds et lui baise les mains : l'attendrissement est général. Minuit arrive ; les convives montent dans leurs appartements : tous les lits sont occupés ; je me contente d'une botte de paille placée au vestibule, et cette résignation me fait le plus grand honneur aux yeux des mes hôtes.

Une heure après, un silence profond régnait dans la maison : je n'entendais sur ma tête qu'un léger bruit; il partait sans doute de la chambre des jeunes époux. J'ouvre avec précaution la grande porte, et je rallume les flambeaux de la table de noces ; puis j'attends.

La bande ne tarda pas d'arriver ; elle était beaucoup moins nombreuse que la veille. Ils prirent tous place à la table; je retirai des buffets les provisions intactes; le vin était en abondance. On m'invita à prendre place au repas, nous mangeâmes avec une avidité sans exemple; personne ne parlait : on attendait l'ordre du chef ; il était silencieux.

Bientôt le vin échauffa les têtes.

Pleins de confiance dans leurs forces, leurs armes , leur courage , isolés dans un vallon désert, ils rompirent tout-à-coup le silence par une explosion de cris qui ébranla la maison. Un d'eux entonna un air du temps , *O Richard, ô mon roi!* et la troupe hurlait le refrain en battant la mesure sur la table chargée de plats et de verres. Des pleurs de femmes et d'enfants nous répondirent dans les appartements supérieurs. On entendait sortir, par les croisées ouvertes sur la campagne, ce cri cent fois répété : *Au secours ! au secours ! Les fuyards ! les fuyards !* mais rien n'arrêtait l'enthousiasme de notre bande ; le délire était au comble. Ils arrachèrent les rideaux blancs de la salle, les lièrent à des perches, pavoisèrent le vestibule, et dansèrent en

rond autour d'un grand feu de bois
vert qui remplissait la maison de fumée et d'étincelles: c'était un véritable enfer. Les hurlements sourds des
femmes, le roulement des meubles
dont on barricadait les portes des
chambres, le pétillement des bran-
ches du bûcher, les chants des voleurs, le fracas de la danse, tout cela
formait un concert épouvantable ,
tel que j'en avais entendu chez les
sauvages de la mer du Sud.

Ces cris: *Au secours! les fuyards!
les fuyards!* continuaient à retentir
des croisées dans le vallon. Le chef
me dit : « Olivier, sors et envoie
quelques balles à ces fenêtres ; va,
crible leurs volets. » Je pris un fais-
ceau de fusils et me portai sur la terrasse; j'allai commencer mon feu,

lorsque je crus entendre un galop de chevaux dans l'éloignement. Je rentrai pour avertir le capitaine, qui avait conservé son sang froid. « Impossible, me dit-il, ce sont les chevaux d'hier que tu as encore dans l'oreille. — Non, non, capitaine ; fiez-vous à moi, j'ai l'habitude des bruits de la nuit : en mer, je distinguais le souffleur à dix licues. »

Le capitaine devint pensif.

« Esnard n'est pas avec nous, je crois, me dit-il.—Esnard, le paysan, l'espion ; je ne l'ai pas vu.—Il devrait être avec nous; cette absence m'offusque ; j'aurais dû me défier de lui. Couche-toi, Olivier, mets l'oreille à terre, et écoute encore.—Capitaine, dites à nos... messieurs de se taire un instant : je n'entends plus rien ; mais croyez que je ne me suis pas trompé... Tenez, tenez, voyez là-bas, là-bas, vers cette bergerie blanche ; ils vont au pas, maintemant, parce que le chemin doit être mauvais. Prenons nos armes... »

Le capitaine dit avec un calme feint : « Ce coquin m'avait assuré que les dragons avaient quitté le poste de Saint-Zacharie ! Et il rentra en disant : Allons, assez de danses ; prenez vos armes : nous sommes trahis. »

Presque au même instant cinquante dragons tombèrent devant la treille de la terrasse. Nous avions fermé la grande porte et barricadé les fenêtres basses du salon. Toute notre bande gagna l'étage supérieur ; nous brisâmes l'escalier à coups de hache ; les portes des appartemens furent enfoncées : hommes, femmes, enfans, toute la noce fut précipitée de vive force dans le vestibule couvert de ruines ; et, maîtres de la forteresse, nous fîmes par les œils de bœuf une décharge de nos carabines sur les dragons.

Ils enfoncèrent la grande porte sous le feu continuel de nos pistolets ; mais, comme nous étions obligés de nous découvrir pour tirer perpendiculairement, nous perdîmes cinq ou six hommes. Notre capitaine, blessé à la tête, donnait des ordres avec un beau sang-froid ; et quand il vit que les dragons étaient maîtres du vestibule, il laissa dix des nôtres en tirailleurs sur les œils de bœuf, et cria aux autres : « Amis, à l'escalier, et tirez juste de haut en bas : choisissez vos hommes ; ne perdez point de coups. »

Le feu mal éteint de notre orgie inspira aux ennemis une idée terrible ; ils jetèrent sur les cendres chaudes tout le bois vert de la grange, toutes les vignes arrachées de la treille, lancèrent des tisons embrasés dans la grange contiguë à la maison, et nous abandonnèrent à l'incendie. En un instant la flamme nous environna.

Les dragons n'étaient pas loin ; ils se retirèrent derrière un mur de clôture, dont ils se firent un épaulement crénelé, et ils attendirent que le désespoir nous fît une loi de sortir, pour nous fusiller à bout portant,

« Voyons, que tout le monde m'entoure, dit le capitaine : combien sommes-nous vivans?... Vingt-quatre. Douze de nous tomberont ici, les autres échapperont ; le point de ralliement est au mûrier des Signores. Suivez-moi. »

Il se précipita dans les flammes du vestibule : nous l'imitâmes tous. Étouffés par la fumée, brûlés par un plancher de charbons, nous nous élançames sur la terrasse avec l'agilité du désespoir. Les dragons firent feu et se levèrent au même instant pour nous couper le chemin des montagnes. Plus leste que mes compagnons, je franchis le mur de la terrasse : plusieurs balles sifflèrent à mes oreilles : je redoublai de vitesse ; chaque dé-

charge de mousqueterie me donnait
des ailes; en un quart d'heure, j'étais
hors de toute portée, sans autre bles-
sure que celles que les flammes de
l'incendie avaient imprimées sur mon
visage et mes mains. Arrivé au mûrier, j'attendis mes compagnons.

Un seul arriva au rendez-vous,
noir et couvert de sang : il m'apprit
que les autres avaient été sabrés sans
quartier; que les dragons étaient re-
montés à cheval pour atteindre dans
la plaine ceux qui avaient échappé au
massacre de la terrasse, et qui couraient difficilement avec leurs pieds
calcinés.

Nous nous concertâmes sur le parti
qu'il fallait prendre. Mon camarade
insistait pour regagner le quartier-

général. « C'est une imprudence, lui
dis-je ; si nous avons été trahis dans
cette expédition , on connaît déjà
notre retraite, et nous y trouverons,
à coup sûr , encore ces maudits dragons. Faisons le métier pour notre
compte ; associons-nous ; vous serez
mon capitaine, si vous voulez.

—Tu es un enfant, me dit mon
compagnon ; veux-tu que je me dés-
honore à courir les grands chemins
comme un voleur? »

Pour le coup , je ne le compris
pas, et je le regardais la bouche ouverte d'étonnement et sans parler.

« Pourquoi me regardes-tu comme ça? ferais-tu le métier de brigand,
toi?

—Mais que faisions-nous tantôt,
et hier?

—Nous faisions la guerre ; nous
étions une armée ; nous combattions
en bataille rangée les républicains ;
mais, associés nous deux, ce serait
un vrai brigandage de grande route,
indigne d'un homme d'honneur. Tu
es trop jeune peut-être pour com-
prendre cela.

—C'est vrai, je ne le comprends
pas.

—Ecoute-moi ; je vais te donner
un bon conseil. Il faut nous séparer
de peur de nous faire reconnaître.
Tout à l'heure, au lever du soleil,
tu retourneras du côté de la Grande-
Peyrade : quand tu auras pris un bain

dans cette source, personne, en te voyant, ne se doutera que tu es un *fuyard*. Tu iras au village voisin, en suivant toujours ce vallon, et là, tu écouteras ce que disent les paysans de notre expédition ; surtout tâche de savoir si quelqu'un de nos compagnons aurait survécu au combat. Nous pourrions encore l'arracher à l'échafaud, s'il était prisonnier ; tous nos amis ne sont pas morts ; nous avons encore des affiliés au mont Cassien et dans les montagnes de Tretz, de Nans, de Saint-Maximin. Au premier signal, cent cinquante fuyards dévoués peuvent tomber de nuit sur un village et enlever des prisonniers, malgré la garnison. Demain, dans la nuit, je t'attends ici : porte-moi des provisions, si tu peux, car j'aurai faim. »

Le jour commençait à poindre ; mon camarade s'enfonça dans une gorge de montagnes, et moi, je rentrai dans le vallon du désastre, en affectant une démarche insouciante et en sifflant des airs de Noëls. Mon gros bonnet de laine cachait mes cheveux brûlés ; l'eau vive de la source avait rendu à ma figure noircie sa première fraîcheur ; les traces de l'incendie ne paraissaient plus sur mes haillons de berger : j'étais sans crainte.

C'était un jour de fête ; toute la population des campagnes voisines remplissait le vallon de la Grande-Peyrade : je me mêlai à la foule ; partout il y avait des groupes où un témoin oculaire racontait, à sa manière, les événemens de la nuit. La terreur était au comble parmi les paysans ; les femmes levaient les mains au ciel, en le priant de les préserver de ces terribles *fuyards*. Avec bien de la peine, je parvins jusqu'à la terrasse ; l'incendie avait tout consumé ; il n'y avait à la place de la maison qu'un tas de cendres noires et fumantes. On avait déposé dans un pavillon de jasmin un cadavre ; c'était celui de la jeune mariée qui avait été étouffée par les flammes en tombant dans le vestibule. Autour du corps noirci et méconnaissable, de jeunes filles pleuraient ; on emportait vers la maison voisine son époux dans les convultions du délire. Tous ces détails que je recueillis avidement m'auraient attendri ; mais je ne pensais qu'à mes camarades massacrés, et surtout à mon pauvre capitaine à qui j'avais voué une affection de fils. Je cherchais partout leurs ca-

davres ; on les avait jeté dans un pui-
sard desséché , déjà comblé de terre
par les paysans.

J'avais une lueur d'espoir de sauver
de l'échafaud trois de mes compagnons qu'on venait de conduire, cou-
verts de blessures, à Saint-Zacharie.
D'après les renseignemens que je pris,
il m'était permis de conjecturer que
le capitaine était du nombre : je volai
au village.

La grande place était encombrée
de curieux ; je m'assis sous un ormeau,
en prêtant l'oreille aux discours de
mes voisins. L'excès de ma joie faillit
me trahir, lorsque j'appris qu'on avait
conduit dans la prison de la commune
un *fuyard* , petit, large d'épaules ,
teint brun , cheveux noirs et crépus,

et dont les yeux étaient effrayants d'expression. Il portait de hautes guêtres, une culotte de velours, une veste de même, et un gilet écarlate. C'était le capitaine ; on devait l'exécuter le lendemain.

Il ne m'était pas difficile de trouver la prison ; c'était une cave de la commune dont les barreaux rouillés étaient presque de niveau avec la voie publique. On avait placé devant deux sentinelles : plusieurs curieux se penchaient vers les soupiraux pour tâcher de découvrir les prisonniers ; je ne voulus point afficher une curiosité inutile ; j'examinai seulement avec attention les localités, et j'arrêtai mon plan.

J'entrai dans la boutique d'un mar-

chand de ferrailles, ouverte ce jour-
là pour les emplettes des paysans, et
je demandai une bêche : le maître m'en
montra une douzaine et me dit de
choisir ; je choisis long-temps pour
me ménager l'occasion de glisser sous
mon gilet une forte lime ; puis j'ache-
tai la bêche, et je pris le chemin de
la campagne.

Ce n'était rien ; il fallait glisser ma
lime jusqu'aux prisonniers : cette dif-
ficulté me paraissait insurmontable.

Tout en cheminant au hasard, j'a-
perçus à un quart de lieu du village
une bergerie ouverte, vers laquelle
je me dirigeai. Elle renfermait un
troupeau de chèvres et de brebis ;
c'était la propriété d'une vieille femme qui filait, assise sur la pierre de la

porte. Je lui demandai si elle pouvait
me vendre une chèvre qui pût nourrir
deux chevreaux, en offrant de la bien
payer, et je fis sonner mes écus. La
vieille m'introduisit dans la bergerie ;
je lui désignai une chèvre qui me convenait ; elle m'en demanda un louis ;
je ne marchandai pas, et lui donnai
en paiement la pièce d'or du capitaine.

J'attachai un long ruban au collier
de bois de l'animal, et je rentrai dans
le village, offrant mon lait à grands
cris, et chantant mes airs de Noëls,
si bien connu des fuyards. Je criai et
chantai de préférence devant les soupiraux du cachot de la commune, et
avec une affectation qui devait infail-
liblement frapper l'intelligent capitaine. Bientôt nous nous comprîmes

tous deux ; il y a entre les esprits ru-
sés une communication d'idées qui
échappe aux hommes grossiers.

Une espèce de concierge villageois
ouvrit une porte et m'appela : je m'a-
vançai machinalement et comme avec
répugnance vers lui. « Voyons, me
dit-il, donne-moi du lait. — Je ne le
donne pas, citoyen, je le vends : combien en voulez-vous. — Trois pots.
— Alors, allez prendre un vase plus
grand ; je ne suis pas un voleur comme ceux que vous gardez, et je veux
faire bonne mesure. » Le concierge
fut prendre une large soupière ; il fal-
lut traire la chèvre devant lui avec
une gaucherie de pâtre apprenti. Enfin, profitant d'un moment propice ,
je glissai ma lime au fond du vase en
lui disant : Tenez, cette belle écume

ressusciterait un mort : ne la laissez
pas tomber , vous me paierez après ;
je vous attends.

La porte se referma ; j'étais sur les
épines : un quart d'heure se passa, et
le concierge reparut son plat vide à
la main. « Ta chèvre a-t-elle encore
du lait ? me dit-il ; ces canailles en
veulent encore : ils l'ont trouvé bon ;
et puis, ils m'ont bien payé, et je te
paierai bien de même, parce que je
suis honnête. — Ce n'était donc pas
pour vous ce lait ? lui dis-je avec un
air stupide. — Que te fait cela ? —
Moi, rien ; donnez-moi votre soupière. »

Je la repris de ses mains, et en l'exa-
minant j'aperçus au fond le chiffre 12
tracé avec l'ongle, à côté d'une feuille

sèche de mûrier. « Ah! n'ôte pas cette feuille, me dit le concierge; ils disent, ces coquins, que cela donne bon goût au lait: pour des gens qui doivent être guillotinés demain, ils sont bien délicats. »

Le concierge me paya mal; cela m'importait peu: mon statagême avait réussi, et je pensais en moi-même que si mon capitaine devait périr le lendemain, malgré mon secours, au moins cette preuve d'amitié adoucirait ses derniers instants. J'avais compris parfaitement son chiffre 12 et sa feuille de mûrier; c'était une énigme claire pour moi: il me recommandait de me trouver à minuit au vallon des Signores.

Une heure avant je me trouvai au

lieu indiqué. Là se rendirent après moi quelques camarades que je connaissais déjà, et d'autres que je voyais pour la première fois, en tout dix hommes : c'était bien peu. On tint conseil ; mais il manquait une tête : l'absence du capitaine se faisait sentir. Tous les avis proposés me paraissaient absurdes : j'obtins la permission de donner le mien, et j'eus le bonheur de le voir adopté. Mes services et ma précoce intelligence me donnaient déjà parmi des hommes une assez grande considération.

Cinq hommes devaient se porter un à un vers un ravin profond et couvert de hautes broussailles, au midi du village, et y attendre mes ordres : les autres s'étaient chargés d'incendier un bois de pins qu'on voyait

de la grande place. Pour moi , je me
dirigeai hardiment vers la commune,
pour y faire mes observations. Une
cinquantaine de dragons bivoua-
quaient devant l'horloge ; deux sentinelles se promenaient toujours en
veillant sur les prisonniers. La foule
des curieux s'était dispersée ; il ne
restait plus que quelques villageois
qui fumaient sur la porte du cabaret.
Cela connu, je fis un détour et rentrai dans la campagne.

Bientôt je vis le feu éclater en cinq
points différents, vers le bois de pins ;
un vent favorable propagea rapide-
ment l'incendie. J'entrai comme un
furieux dans la grande rue du village,
en criant: Les fuyards ! les fuyards !
An secours ! au secours ! A ce cri ,

les villageois effrayés me suivent en
courant; je les attire sur mes pas,
vers la place de l'Horloge, où l'on
sonnait déjà le boute-selle. Toutes les
mains désignent aux cavaliers le
point de l'incendie ; ils s'éloignent au
grand galop dans cette direction , et
la foule les suit.

Du côté opposé arrivent mes cinq
autres compagnons ; je les conduis
aux soupiraux de la prison, faible-
ment défendus par les deux sentinelles. On aurait pu les égorger ; on se
contenta de les désarmer. La main vi-
goureuse du capitaine enleva deux
barreaux de fer déjà entamés par sa
lime ; en un instant il fut libre et dans
nos bras. Nous eûmes beaucoup de
peine à arracher du soupirail nos deux

autres camarades prisonniers ; car ils
étaient faibles et épuisés par le sang
qu'ils avaient perdu.

Nous amenâmes avec nous les sentinelles dans les montagnes ; elles ne
furent libres que le lendemain : ce fut
un de ces actes de générosité assez fa-
miliers au capitaine. Il eût été dangereux de reprendre le chemin de la
route ; l'espion qui nous avait déjà
trahis devait avoir aussi indiqué à nos
ennemis notre retraite de la forêt.
Nous résolumes donc de changer de
quartier-général. Le capitaine, qui
connaissait parfaitement les lieux,
nous fit descendre dans une grande
plaine que nous traversâmes ; nous
gravîmes ensuite de hautes montagnes
en face de nous, et de crête en crête,
nous arrivâmes au pic le plus élevé de

la contrée : on le nomme le *Val de Bretagne*. C'est une haute muraille de rocs, d'où l'on découvre un horizon sans bornes.

Nous vécûmes là quelques années de fruits sauvages et de racines que deux hommes de la bande allaient acheter aux petites fermes éloignées. Depuis long-temps, deux de nos compagnons étaient morts de leurs blessures : le capitaine était tout-à-fait rétabli ; il n'avait reçu que trois coups de feu à la tête , blessures ordinairement peu dangereuses. Notre troupe était réduite à dix, dont plus de la moitié était découragée ; car nous avions appris que les bandes affiliées des montagnes de Nans et des bois de la Sambuc avaient été détruites récemment. Le capitaine comprit qu'il

n'y avait plus moyen de tenir la campagne. Un soir, il nous réunit autour
de lui, et nous parla ainsi: « Mes ca-
» marades, je vous rends vos ser-
» ments ; vous êtes libres. Je sais
» qu'aujourd'hui la France reprend
» du calme ; vous pouvez y rentrer et
» y vivre en honnêtes gens. Pour moi,
» vous le savez, trois fois condamné
» à mort par les tribunaux révolu-
» tionnaires, comme rebelle et cons-
» pirateur: échappé souvent comme
» par miracle à leur guillotine, je me
» regarde comme un homme perdu
» sans retour. Eh ! bien, j'attends
» mon destin. Nous avons dans la
» petite grotte de la forêt 1,200 livres
» en or ; je vous les donne, et n'en
» réclame rien : embrassez-moi tous,
» et bon voyage ; mon parti est pris,
» je vais gagner un port de mer voi-

» sin, et passer aux Anglais, si je puis
» échapper à l'échafaud. »

Nos compagnons cachèrent mal
leur joie ; la vie aventureuse leur pe-
sait : ils embrassèrent le capitaine en
murmurant quelques mots d'adieux,
et gagnèrent la crète des montagnes
qui s'alongent à l'est jusqu'au grand
bois de la grotte. Le capitaine me
conseilla vivement de les suivre ; mais
il fut touché aux larmes, quand il
m'entendit former la résolution de ne
le quitter qu'à la mort. « Eh! bien,
me dit-il, nous ne nous séparerons
pas, mon sort sera le tien ; tu es ro-
buste, brave et intelligent, avec ces
qualités on gagne partout sa vie ou sa
mort, ce qui est la même chose. »

Cet homme exerçait sur moi un

pouvoir que je ne comprenais pas. On aurait dit qu'il avait à sa disposition plusieurs caractères et plusieurs sortes de voix. Dans le feu d'un combat, ses traits étaient horribles d'expression et son organe rude et brusque ; dans la conversation, sa figure prenait un caractère séduisant de douceur et de noblesse , et sa voix, son accent, ses intonnations, avaient un charme qui ravissait. On voyait qu'il n'était pas né cruel , mais qu'il s'abandonnait à des actes de vengeance, en souvenir de quelque grand malheur. Personne ne savait son nom : on ne l'appelait que le capitaine ; et je continuai à lui donner ce titre , quoique je fusse , moi , la seule armée qui lui restât.

Quand la nuit fut venue , il me dit :

« Suis – moi, Olivier, » et je le suivis.

Il marchait d'un pas sûr, sans hésitation, en homme qui connaît parfaitement son chemin. Nous nous précipitâmes, pour ainsi dire, du Val de Bretagne sur la plaine immense qui s'étend au sud, et que traverse la grande route de Toulon. Quelquefois le capitaine s'arrêtait, croisait ses bras, et considérait long-temps, avec un mélancolique sourire, quelques traces d'une récente dévastation, c'était une petite ferme déserte, une grange incendiée, une métairie en ruines.

Nous reprenions ensuite notre chemin par les ravins, les précipices, les lits de torrents, évitant toujours les

sentiers battus. Arrivés au sommet
d'une haute colline, le capitaine s'ar-
rêta et me dit, en désignant du doigt
les vestiges noirs d'un ancien feu :
« Olivier, reconnais-tu cette place ?
— Très-bien, répondis-je, c'est là où
j'allumai le signal... — Oui, dit-il en
m'interrompant, le signal qui appelait tous nos pauvres amis à la mort ;
pas un d'eux ne repassera par ici. »

Il faisait nuit sombre encore quand
nous heurtâmes à la porte de la petite
ferme où si long-temps auparavant le
capitaine m'avait accueilli. J'avais fait
bien des choses depuis cette nuit.

La vieille femme vint nous ouvrir
sa porte : elle tremblait de froid et de
peur. « Vous êtes seuls? » nous dit-
elle. — « Seuls, répondit le capitaine.
— Et les autres ? — Les autres... » Le

capitaine haussa les épaules, avec ce sourire de mélancolie qui lui était familier : la vieille pleura.

Nous passâmes vingt-quatre heures à la petite ferme ; il était nuit quand nous en sortîmes. Le capitaine avait enlevé une somme considérable en or, enfouie sous un petit pont, et ce fardeau était partagé entre nous. Il eût été difficile de juger de l'état de notre fortune par la misère de nos vêtements. Nous gravîmes une montagne presque à pic, qui s'élevait de l'autre côté du vallon du *Vaisseau*. Quelques heures après, je crus reconnaître la campagne que nous traversions. « Nous ne sommes pas bien loin de la mer, dis-je au capitaine.— A une demi-lieue tout au plus, me répondit-il ; s'il était jour, nous la

vérrions là-bas. Ecoute-moi, Olivier;
crois-tu que ton père soit à la Ciotat?
— Mais, oui. — Il aime l'argent, ton
père? m'as-tu dit. — Oui. — Et tu
m'as dit aussi qu'il était bon marin.—
Oh! c'est un loup de mer, surtout
quand il vient de se ruiner au jeu. —
C'est bon, » dit le capitaine, et il se
tut. Il n'aimait pas à parler inutile-
ment; je laissai tomber la conversation.

Avant le jour, nous arrivâmes à la
Ciotat. « Conduis-moi chez ton père,
me dit le capitaine; s'il dort, il se ré-
veillera. »

Mon père venait de se lever; il nous
ouvrit lui-même sa porte, et poussa
un cri de joie en me reconnaissant.
J'oubliai ses mauvais traitements et

je l'embrassai de bon cœur. Le capitaine regardait cette scène les bras croisés. « Vous avez là un brave garçon, dit-il à mon père ; nous voyageons ensemble, et nous n'avons pas voulu passer devant la Ciotat sans venir vous souhaiter le bonjour. — Soyez les bienvenus, répondit mon père ; et où allez-vous donc en voyageant comme ça ? — Nous voyageons pour un petit commerce assez lucratif ; et, comme il ne faut pas être secret avec vous, nous faisons la contrebande ; mais, à vous parler franchement, le métier se gâte tous les jours ; il y a trop de concurrence : aussi, nous le quitterions volontiers, si nous pouvions faire autre chose.... La course, par exemple. — La course ; mais il vous faudrait un navire pour cela, un petit brick. — Oh ! oui ; nous ne vou-

drions pas faire la course en bateau.—
Mais pour noliser un brick , il faut
beaucoup d'argent, et vous ne m'avez
pas l'air d'être en fonds. — Si j'avais
le brick , j'aurais de l'argent. — Oh !
le brick sera trouvé aujourd'hui. —
Eh! bien, j'aurai l'argent demain. —
Touchez là. Que me promettez-vous
pour ma peine ? — Prenez cet à-
compte ; cela vous donnera de l'ar-
deur. »

Le capitaine jeta sur la table un
petit sac de toile plein d'or ; mon père
s'en empara.

Les liaisons devinrent bientôt inti-
mes entr'eux ; d'un côté, il y avait apparence de richesse et générosité ; de
l'autre, point de scrupule à recevoir
et peu de souci de connaître de quelle

source venait notre argent. Nous passions les jours et les nuits, le capitaine et moi, cachés dans la maison, parce que nous n'avions aucun papier de route à exhiber anx autorités locales, très-sévères, dans ce temps, contre les étrangers ; mon père déployait une activité incroyable pour seconder nos projets. Enfin il trouva un vieux cutter de huit pièces de canon, recruta vingt hommes d'équipage, acheta des munitions et des armes, et quand ses lettre de marque qu'il avait demandées au gouvernement arrivèrent, tout était prêt à bord pour mettre à la voile.

Nous partîmes de nuit, selon notre usage ; mon père commandait le cutter, le capitaine était sous ses ordres. Nous avions quitté, lui, sa vieille veste de velours, moi, mes haillons de pâtre, pour l'uniforme des marins. Nous courions à toutes voiles, sous une bonne brise nord ; à l'aube, nous reconnûmes la Corse : deux frégates anglaises étaient en croisière devant cette île. Nous gouvernâmes sur la côte d'Espagne, dans l'espoir de rencontrer quelque marchand anglais ou espagnol.

Dès qu'on signalait une voile, mon père prenait sa lunette et criait : « Allons, enfants, à vos pièces ; c'est un Anglais. » Et s'adressant au capitaine avec une joie bruyante : « Mon ami, lui disait-il en se frottant les mains, ce soir nous aurons les galions : ou je me trompe fort, ou c'est quelque riche chargement. »

Mais ces beaux projets ne tardaient pas à s'évanouir ; c'était toujours quelque gros vaisseau qu'il fallait fuir. Heureusement nous avions un fin voilier qui filait huit nœuds malgré sa vieillesse ; et, pendant plusieurs mois, son agilité nous rendit de grands services, mais ne nous enrichit pas.

Un matin, par un temps assez brumeux, nous aperçûmes une voile sous notre vent ; mon père soutenait, selon son usage, que c'était un marchand, contre quelques matelots qui pariaient pour un brick de l'escadre de Nelson. Bientôt le point fut éclairci ; mais il n'était plus temps d'éviter le danger, il fallait combattre : notre croisière devait commencer et finir là. Nos matelots prirent l'alarme, nos

canonniers abandonnèrent les batteries ; nous fûmes abordés par les Anglais, qui nous firent prisonniers et
brûlèrent notre cutter.

Le capitaine, que j'avais vu si brave
dans quelques affaires, ne prit aucune
part à celle-ci ; il considéra tout , les
bras croisés, sans brûler une amorce.
Amené à bord du brick anglais, il demanda à parler à l'officier de service,
et s'entretint long-temps avec lui, en
mettant sous ses yeux des papiers et
des parchemins. On lui accorda sans
doute la faveur de rester sur le pont ;
notre petit équipage fut jeté à la cale,
et l'on ferma l'écoutille sur nous.

Trois mois après environ , nous
fûmes transportés à bord de l'*Endeavour*, vaisseau anglais qui croisait

dans les eaux de Cadix. Le capitaine resta probablement à bord du brick ; je ne le revis plus. Ma vie fut long-temps celle d'un prisonnier de ponton anglais. Notre nourriture était horrible ; l'eau que nous buvions était pourrie et pleine de vers ; à la moindre plainte, on nous rouait de coups. Je formai le projet de forcer la senti-nelle, et de courir me précipiter à la mer, par un sabord de la batterie de trente-six. Mon père n'approuva pas ma résolution, et me conseilla de supporter la vie quelque temps encore ; il songeait trop au peu d'or qu'il avait laissé chez lui : cette pensée le consolait, lui.

Un jour nous entendîmes au-dessus de nos têtes un mouvement extraordinaire, comme des apprêts de combat. Quelques coups de canon se firent entendre, suivis une heure après par de longues détonations : bientôt nous ne pouvions plus douter que nous étions dans quelque grande bataille navale, contre les Français sans doute. Le fracas devint si épouvantable qu'il nous ôtait la respiration. Mais notre joie était vive ; cet événement devait changer notre sort, au moins nous l'espérions. La canonnade dura presque tout le jour ; elle ne finit qu'à la nuit. Nous ignorions à laquelle des deux nations la victoire était restée ; seulement, il paraissait que l'équipage de l'*Endeavour* devait avoir bien souffert, parce que de petits ruisseaux de sang filtraient jusqu'à la cale à travers les ponts. Le lendemain la canonnade recommença ; mais beaucoup moins sou-

tenue que la veille. Pour le coup, je
ne voulus pas laisser échapper cette
occasion: sans prendre cette fois conseil de personne, je me glisse entre
les jambes de la sentinelle; l'entre-
pont était couvert de fumée, un éclair
m'indique un sabord, je profite du
recul de la pièce, et je m'élance à la
mer.

Tout en nageant au hasard, j'entends à dix pas de moi des cris de,
Vive la France! qui partaient d'un
vaisseau battant pavillon anglais: je lis
sur sa poupe le mot *Bucentaure.* En
deux élans me voilà sur le pont: là se
livrait un combat terrible; je m'emparai d'une pique d'abordage, et je
me mêlai aux combattants. Les Anglais furent tués ou jetés à la mer;
on arbora le pavillon français à mi-

sène, en un instant le *Bucentaure* s'était repris.

C'était le lendemain de la bataille de Trafalgar. Presque tous les vaisseaux français qu'on remarquait en Angleterre s'étaient repris comme le *Bucentaure*, grâce aux secours imprévus que vint leur prêter le brave M. Cosmao, qui commandait le *Pluton*. La mer était horrible ; une tempête s'était levée la nuit, et jusque-là elle leur avait été favorable ; mais on craignait alors que le gros vent ne nous empêchât d'entrer dans la rade de Cadix. Le *Bucentaure* cargua ses voiles et attendit le calme. Le calme ne vint pas. Après le coucher du soleil, la tempête redoubla de furie. On demandait trois hommes de bonne volonté pour descendre dans un ca-

not, gagner la ville, et en rapporter
du secours. Les trois furent bientôt
trouvés ; mais il n'y avait à bord que
des canots criblés de mitrailles. Enfin,
on trouva une petite chaloupe moins
endommagée par le combat ; deux
matelots et un enseigne , nommé
M. Donnadieu , se déshabillèrent et
se jetèrent avec la chaloupe à la mer.
Vers minuit plusieurs embarcations
arrivèrent de Cadix et recueillirent l'é-
quipage : il était temps ; deux heures
après le *Bucentaure* fut jeté à la côte,
et la couvrit de ses débris.

Personne n'avait pris garde à moi;
un seul officier m'avait demandé à
quel bord j'appartenais; j'avais répondu: Au *Neptune* , commandant
l'Infernet: c'étaient deux noms que
j'avais entendu prononcer dans le tu-

multe. Quand j'eus touché la terre ,
je me séparai de l'équipage et m'enfonçai dans les rues de Cadix , à la
garde de Dieu.

J'offris long-temps mes services ,
comme domestique, dans plusieurs
maisons de riche apparence , me donnant pour un pauvre matelot échappé
à Trafragar ; ce qui était presque vrai.
Un négociant français me recueillit
chez lui par compassion, et me re-
commanda à une espèce d'intendant
pour me former au service. Mon travail se réduisait à si peu de chose, que
j'y pris goût ; j'aurais même été heureux , si j'avais pu recevoir des nouvelles de mon père et du capitaine ,
car j'ignorais ce qu'ils étaient devenus.

Je passai quatre ans à Cadix, et j'y

serais sans doute encore aujourd'hui heureux et tranquille, si mon bienfaiteur n'eût pas été contraint d'abandonner l'Espagne, aux premières nouvelles d'une guerre avec la France: son commerce se ressentit de ces nouvelles; il lui restait à peine assez d'argent pour payer son passage et celui de sa famille, et gagner quelque port de France. Il me donna généreusement l'arriéré de mes gages que j'avais laissé grossir entre ses mains. Nous arrivâmes à Marseille: là, nous nous séparâmes, lui pour se rendre à Paris et faire des réclamations auprès du gouvernement, moi pour revoir mon pays natal et recueillir la petite succession de mon père, au cas que la nouvelle de sa mort y fût parvenue.

Les créanciers de mon père avaient

pris les devants ; je ne trouvais rien.
Sans perdre un jour, je courus à la
petite ferme du vallon du Vaisseau,
où mes aventures avaient commencé,
espérant d'y avoir au moins des nouvelles du capitaine. La vieille Anne
vivait encore ; elle me reconnut et
m'embrassa de joie : « Ah ! qu'il sera
heureux de vous revoir, lui aussi !—
Lui ! m'écriai-je ; le capitaine est ici?
—Oui, reprit-elle, pas en ce moment, mais vous le verrez bientôt ;
prenez patience, encore une quinzaine
au plus tard. Voilà bientôt deux mois
qu'il est parti pour***.—Eh ! bien,
lui dis-je, je vais partir ; je veux le
voir tout de suite : si je le manque, je
reviendrai. » Et, sans lui donner le
temps de me faire une objection, je
me précipite sur la grande route.

J'arrivai à*** vers les dix heures du matin.

Il y avait foule dans les rues, et on se portait avec empressement vers une grande place bordée d'arbres ; je suivis par curiosité la même direction. Il y avait des gendarmes à cheval et la guillotine ; j'entendais à côté de moi cette question et cette réponse : « Qui va-t-on guillotiner ? — Un ancien chouan, un espion des Anglais. »

Au mouvement de la foule, je compris que le malheureux s'avançait vers l'échafaud ; je gagnai autant de terrain que je pus pour m'approcher le plus près possible : je le vis monter l'échelle, il me tournait le dos ; il fit volte face, et alongea le poing avec fierté vers la

foule ; un nuage passa sur mes yeux,
les veines de mon cou se gonflèrent,
mon cœur battit : c'était le capitaine.

Adieu ! adieu ! lui criai-je d'une
voix forte, en me précipitant vers
l'échafaud. La foule disait : « C'est
son fils ! c'est son fils ! laissez-le passer, ce pauvre marin. » J'arrivai
même au pied de l'échelle. « Adieu !
Olivier, me dit le malheureux en
souriant ; j'en ai tué deux, le troisième m'a pris. Voilà mon mouchoir ;
tu le tremperas dans mon sang, et tu
le garderas en souvenir de moi. »

Je pris le mouchoir avec rage ; mes
yeux étaient secs.

Après, il prêta docilement l'oreille
aux discours d'un prêtre, pria à voix

basse, leva les yeux au ciel, et dit avec force : « Bourreau, je suis prêt. »

L'exécution faite, je me fais indiquer la caserne des gendarmes, et j'y vole comme un furieux. Je m'adresse à un brigadier, assis sur un banc de la porte : « Pourriez-vous, lui dis-je en me modérant, me désigner ce brave qui a arrêté l'espion anglais? — Tenez, me dit-il, le voilà qui cause avec des camarades, sous l'arbre. — C'est bon.

Je tirai à part le gendarme.

Est-ce vous, camarade, lui dis-je, qui avez arrêté l'espion anglais? — Pourquoi me faites-vous cette question? — Pour rien. Je suis son fils, pas plus que cela.— Que voulez-vous

que j'y fasse? j'ai fait mon métier ;
j'en suis fâché pour vous. — Alors ,
mon ami, puisque vous êtes si brave,
vous m'accompagnerez bien jusque
sur les remparts avec votre sabre ;
j'ai deux mots à vous dire là.

Le gendarme se mit à rire et me
menaça de son gant jaune.

Je saisis la poignée de son sabre ,
je le désarmai lestement , et lui dé-
chargeai un coup terrible sur la tête ;
il tomba baigné dans son sang.

Je fus arrêté à l'instant même, et je
ne me défendis pas.

Mon procès fut bientôt fait. Aujourd'hui, je suis au bagne de Toulon,

mon père au bagne de Brest , le capitaine au ciel ; j'ai son mouchoir encore , je le garde pour m'étrangler.

Le Suicide.

L'acte d'un découragement incurable.
A. CARREL.

CHOSE singulière ! La pensée du suicide est peu commune ici. On lit sur presque toutes les figures la résignation de l'avilissement ; ce n'est pas au moins crainte de la mort, la mort est ici regardée comme une faveur ; ce n'est point lâcheté ou défaut d'é—

nergie, tous ont des cœurs qui battent vigoureusement, des muscles et des nerfs qui ne pourraient trahir par défaillance une forte volonté. Qu'un régiment vienne les coucher en joue, ils vont courir, la poitrine nue, au-devant des balles, pour recevoir d'autrui la grâce qu'ils ne veulent point se donner. Ils ont donc compris leur position. Ces mêmes hommes qui rient à la mort, qui ont pétri la terre avec du sang, qui regardent pistolets et poignards comme des outils de profession, qui ont joué avec des cadavres, qui parlent l'idiôme de l'assassinat, aiment mieux attendre la mort plate de la vieillesse ou de l'hôpital, que de s'étrangler avec la chaîne de leurs voisins.

C'est que pour se tuer, il faut plus

que de l'énergie, plus que du courage ; il faut une ame haute, une fierté digne qui ne transige pas avec le malheur consommé, ou bien il faut ce désespoir réfléchi et calculé qui naît du sentiment de son irrévocable misère, bien différent de cette frénésie instantanée et d'inspiration qui presse une détente ou pousse un poignard. De ces hommes voués à une vie infâme et laborieuse, ôtez la fierté native ou d'éducation, ce ne sont plus que des esclaves résignés à leur condition par la monotonie de l'habitude et l'étourdissement du travail. Et tellement le malheur est de l'essence de l'homme, qu'on pourrait affirmer que presque tous ont une certaine affection pour leur métier, et que rendus par faveur à la liberté, ils tourneraient quelquefois, de loin, les yeux, avec de vagues regrets, vers ces chantiers arrosés de leurs sueurs. Tous sont nés avec cette organisation indolente qui n'exclut pas la force physique, mais qui est répulsive au travail ; et pourtant ils se sont façonnés au travail par crainte ou par besoin de distractions. Pourquoi se tueraient-ils ? Ils travaillent et ne pensent pas ; leur infamie est leur moindre souci ; ils ne comparent jamais leur sort avec le bonheur d'autrui, pas plus que l'artisan des villes ne songe avec dépit au riche bourgeois qui passe. Ils ont fini même par s'intéresser à la réussite d'une charpente, à la solidité d'une voûte hardie, à l'essai d'un mécanisme nouveau. Dans leurs entretiens du soir, point de souvenirs de pays natal, de jeunes affections de village ; mais ils se félicitent

qu'on ait deviné un procédé, ingé-
nieux qui simplifie les transports ,
un cordier à roues pour tordre les
câbles , un billot mobile pour battre
les pilotis. Ils se sont pris de belle
émulation et de jalousie de chantier
à chantier, comme si le maître leur
tiendrait compte des résultats ; ils sont
fiers de leurs œuvres ; et déprécient
les œuvres de leurs voisins, comme
si les dalles d'un monument ou la
quille d'un vaisseau devaient porter
les signatures des auteurs. Quand une
escouade arrive du chantier de Saint-
Mandrier, on l'entoure avec un empressement d'artiste ; on veut savoir
si les colonnes de la chapelle seront
ionique ou corinthien, si les croisées
du nouvel hôpital sont à plein cintre ,
si l'on a prémuni les salles du rez-de-
chaussée contre l'humidité ; alors des

discussions s'engagent : on trace des
devis sur le sable, on critique les plans
adoptés ; d'ingénieuses idées éclatent
tout-à-coup dans ces cerveaux d'architectes faussaires ou assassins ; les
mains se lèvent, les yeux s'animent,
les injures se croisent, le sourd cli-
quetis des ferrailles accompagne ces
théories sur les beaux-arts.... Eh !
bien, toute vie est supportable encore, quand on y rencontre de telles
émotions. Mais dans un coin de ce ta-
bleau si vif et si bruyant, on voit toujours debout et muet quelque galérien fier qui proteste ; celui-là n'a jamais mis ses affections dans son travail ; il n'a qu'une pensée, la liberté
par le suicide ou par l'évasion.

C'est le point auquel on revient
toujours, quand un crime de hasard

vous a cloué ici, sans vous arracher votre cœur et votre dignité d'homme!

Il y a des moralistes qui ont écrit de belles pages contre.

C'étaient des hommes graves et heureux qui avaient des rentes sur l'état, des pensions royales, et des vertus. Né dans Paris, vivant dans Paris, sans souci aucun de la province et des voyages, versés dans la science des hommes et des passions, à force d'études sur le théâtre grec ; de bons magistrats qui s'enfoncent dans un cabinet calme avec de hauts pupitres, des livres, des tableaux et des tapis des Gobelins ; qui déjeunent à dix, dînent à cinq, sur linge damassé et vaisselle plate, auprès d'un domestique qui verse le vin dans des

verres à pied de cristal ; des philosophes sans nefs qui passent devant la
Vénus de Médicis pour étudier le
buste de Socrate ; qui se couchent à
dix heures, et ne trouvent qu'un
prompt sommeil sur la molle chaleur
de l'édredon. Ceux-là, un beau jour,
s'assirent devant leur pupitre d'aca-
jou, jetèrent sur leurs vitres la dra-
perie rose, trempèrent leur plume
dans un encrier doré, et écrivirent
contre le suicide des arguments pleins
de logique et de haute raison.

Bonnes gens ! avant d'écrire et de
condamner, faites-vous une organisation qui comprenne tout ce qu'il y
a d'intime dans le malheur ; jugez ensuite.

A leurs yeux, l'homme malheureux

est celui qui tend la main et demande
son pain du soir ; l'aveugle qui passe
avec son chien ; l'infirme qui étale
ses plaies sur la natte ; le jeune amant
trahi par sa maîtresse ; le riche de la
veille ruiné le lendemain ; le joueur
terrassé par la fortune ; l'incurable
sans lueur de guérison. Voilà tous les
genres de désespoir classés méthodiquement ; hors de là, il n'y a plus
que les brigands du bagne ; mais une
philanthropie de bon goût dédaigne
de s'abaisser jusqu'à eux : ce sont des
êtres flétris, des êtres d'exception,
que le bâton corrige et qu'une balle
de plomb punit. Et si on disait aux
moralistes : Eh bien ! dans ces repai-
res d'infamie, il est des hommes
qu'une minute d'irritation perdit à
tout jamais ; des hommes dont l'é-
paule est flétrie et l'âme pure ; qui

cent fois le jour expirent de honte
sous les regards curieux; qui sont
coudoyés, tutoyés, insultés, battus
par leurs camarades les brigands; qui
boivent et mangent une eau et des
légumes souillés de bave; qui, la nuit,
sentent glisser sur leurs lèvres d'é-
pouvantables baisers; voyons à quel
système de consolation, à quel livre
de morale doivent-ils recourir, ces
malheureux qui n'ont pas été inscrits
dans votre catégorie? Ils ont épuisé
toutes les voies de juridictions crimi-
nelles; plus d'appel pour eux; ils sont
jugés et bien jugés; ils ont trente ans,
une santé de fer, une tête forte, tout
ce qui assure une longue vie, une
raison à l'abri de tout ébranlement.
Cinquante ans d'orgies, de fétides ex-
halaisons, d'atmosphère empoisonné,
de voisinage hideux, de nourriture

immonde, de travaux d'enfer, leur
sont réservés largement ; ils souffrent
tout à la fois, comme les damnés, les
souvenirs cuisants, les horreurs du
jour, les tortures d'un avenir sans
fin : quelle est leur planche de salut ?
Répondez, sages de bonne foi.

La religion soutient et console :
oui, dans les maux ordinaires ; mais
ici, quelle ferveur d'anachorète,
quelle constance d'élus, ne seraient
pas ébranlées? Il faudrait être saints
et prédestinés, ou du moins pouvoir
se retremper avec les souvenirs d'une
jeunesse pieuse, pour trouver à chaque instant en soi des forces toujours
nouvelles. Mais sont-ils aux galères,
ceux qui sont nés avec ces heureux
penchants? Et les hommes d'honneur, quoique de foi et croyance

tièdes, qui s'y trouvent, peuvent-ils
s'improviser ces vertus fortes qui,
pour avoir leur efficacité plénière,
doivent être apportées du berceau ?
Sans doute, ce fut une idée sublime
d'élever un christ au centre du bagne,
en plein air, au bas de l'escalier de
l'hôpital ; mais cette idée a-t-elle éveillé
une sympathie chez tant de malheureux ? Les railleries seules n'ont pas
manqué.

Pourtant tout pourrait se concilier
encore ; rigueur des lois, philanthropie, humanité ; les législateurs de-
vraient venir au secours des moralistes, et prévenir le désespoir et le suicide par de nouvelles combinaisons
de châtiments ou de localités ; la
France est vaste, et tout crime pourrait y trouver sa prison et ses geoliers

de convenances. Le soldat ivre qui menace, le jeune étourdi qui signe un billet d'un autre nom que le sien, l'amant qui tue par désespoir, devraient-ils être accolés aux homicides et aux brigands de grands chemins? Voilà la source du mal. Les hommes parlent, les sages écrivent, les philosophes font des traités de morale; mais ils s'arrêtent à la surface des choses, tout en visant à la profondeur. Le monde est si beau, nos villes ont tant d'éclat, nos fêtes sont si enivrantes, qu'on répugne à fouiller des plaies sous le vernis. Un homme monte sur les tours de Notre-Dame, il contemple avec ravissement la belle rivière qui baigne des palais et des galeries; il admire la croix d'or qui étincèlent sur les dômes, les flèches gothiques, les colonnades, le gracieux Panthéon ; mais il ne voit pas l'Hôtel-Dieu, vaste et sombre , qui pleure à ses pieds.

———

Pressentimens.

————

Noctium phanstasmata.
(*Hymne.*)

QUAND j'étais innocent et libre, il
m'arrivait souvent, après une journée de bonheur plein, d'aller me recueillir sous le grand tilleul que j'ai-
mais. Là, je faisais un examen de ma
vie dans ses rapports avec mes amis,
avec mes parents, avec mes voisins ;

je m'assurais qu'aucun nuage ne pouvait ternir la sérénité de mon ame, que mes relations étaient bonnes, mon amitié payée de retour, ma fortune bien assise ; qu'en outre j'avais la plénitude de mes forces, une verdeur incomparable de jeunesse, une puissance de constitution qui semble promettre l'immortalité du corps ; et, dans ma joie d'enfant, je serrais mes bras autour de ma poitrine comme pour m'embrasser. Alors, si une petite branche sèche tombait à mes pieds en froissant les feuilles du tilleul, si quelque figure inconnue et triste passait sur le petit sentier de la ferme, si quelque soudaine brise du soir se glissait dans les marronniers comme une plainte, je laissais tomber mes bras sur mes genoux, ma tête haute et fixe, dans l'attitude d'un si-

mulacre égyptien , un frisson coulait
dans mes veines , une larme mouillait
ma joue , mes tempes se serraient, je
sentais jaillir comme une étincelle des
racines de mes cheveux : la campagne
se colorait d'une étrange teinte ; le
soleil couchant me semblait pâle ,
quoiqu'il n'y eût point de nuage au
ciel. En m'en revenant au château ,
je remarquais , avec une sorte d'ef-
froi , que le bruit de mes pas trouvait
de l'écho sur le gazon , et je tournais
vivement la tête comme pour voir
quelque chose d'inattendu. Au sou-
per, j'étais triste devant ma mère , et
gai par boutades pour la rassurer.
Enfermé dans ma chambre , je n'osais
lever mes yeux sur la glace ; je me
déshabillais lentement, à regret même,
parce qu'il me semblait que cette journée n'était pas finie, que ma porte

devait se rouvrir à quelque messager
sinistre. Je feuilletais un livre au hasard ; mais le livre ne m'apprenait
rien ; puis j'éteignais, d'un faible souffle, mon flambeau, et je retrouvais
sur le chevet quelque songe effrayant
de la nuit passée, un songe tout en
relief, comme si je l'avais déposé là
le matin.

Je crois qu'on appelle cela un pres-
sentiment ; mais les hommes sages
ne croient pas aux pressentiments ;
ils n'en ont jamais : qu'ils sont heureux ! Quand une infortune les frappe,
ils s'écrient : « Ah ! je ne m'attendais
pas à celle-là ! » Les fous comme moi,
s'attendent toujours à une infortune ;
ils ont des avertissements secrets.

La veille de mon crime, le dernier

jour de ma vie d'homme, je me pro-
menais sur la terrasse en pensant à
Camille ; elle parut tout-à-coup dans
l'allée, et pour la première fois sa vue
me laissa froid. Je ne sais quel jeu
d'optique me fit illusion dans l'ombre
des arbres, mais elle me parut plus
grande que de coutume, et sa robe
avait une teinte bizarre qui me déplut.
J'examinai sa figure, quand elle m'a-
borda ; sa figure avait une expression
indéfinissable qui ne répondait à aucun sentiment connu. Il y eut un moment où ses yeux se fixèrent sur les
miens ; nos bouches étaient muettes,
nos corps immobiles ; je ne pus me
rendre compte de ce qui se passait
alors en moi, mais je frissonnai comme de peur. Ma mère nous appela du
perron, et je tressaillis.

La nuit je fis un rêve étrange, un
de ces rêves qui survivent aux autres,
qui restent dans le souvenir, qui nous
suivent, et dont l'impression ne se
modifie jamais.

J'étais assis sur l'escalier d'une vieille
chapelle ; le temps était d'un violet
clair ; il n'y avait pas de soleil, il n'y
en a jamais dans les rêves, du moins
dans les miens. Camille vint s'asseoir
à mon côté ; elle était brune et maigre, et parlait avec volubilité une lan-
gue inconnue que je comprenais pourtant. Une cloche se mit à sonner derrière nous ; je tournai la tête, la cloche avait une face humaine et nous
regardait en sonnant. On chantait dans
la chapelle ; je voyais l'intérieur par
les larges fentes de la porte ; il n'y

avait ni cierges allumés ni prêtres à
l'autel ; quelques statues dans leurs
niches criaient par intervalle ce mot :
JÉRÉMIAS ! JÉRÉMIAS ! et ces cris me
glaçaient. « Voilà notre noce qui
vient, » me dit Camille, en jetant
autour de mon cou un bras très-long
et nu. Ce n'était plus Camille ; c'était
ma mère, bien vieille, et auprès d'elle
mon père que je n'ai jamais vu. Mon
père pleurait ; il avait les joues jaunes
et des cheveux gris hérissés : un prêtre
en manteau blanc vint ; nous nous
jetâmes à genoux, ma mère et moi ;
il nous maria. Alors j'entendis un
grand bruit d'eau ; je glissai par une
pente mouillée dans un gouffre noir ;
des bouches invisibles soufflaient dans
mes oreilles, et je pirouettais, les
pieds sur l'eau, dans les rouages d'un
moulin souterrain. Je m'éveillai en

sursaut : le reflet de l'aube dans ma chambre me fit peur : la pluie ruisselait sur mes vitres. « Ah! dis-je presque à haute voix , je ne chasserai pas ce matin, et je regardai mon fusil debout dans l'angle de la console. C'était bien la peine , ajoutai-je , que Bruno veillât jusqu'à minuit pour laver le canon. Puis la pluie cessa ; la sérénité revint au ciel, et je ne me réjouis pas. Trois heures après j'étais criminel.

Aujourd'hui rien de pire ne peut m'arriver ; mon malheur semble à son apogée : cependant il y a dans l'air que je respire , dans les bruits aériens que j'entends , dans la couleur du ciel, dans les figures qui passent, quelque chose de mélancolique qui me donne du froid et me fait rê-

ver ; ce n'est point ma tristesse habi-
tuelle, c'est un abattement lourd qui
tient à d'autres causés, et qu'un rien
a déterminé. Tantôt en levant mes
yeux vers le soleil, comme pour lui
demander une consolation, qui sait
si je ne me suis pas mis en rapport,
par un angle idéal et immense, avec
un être qui m'est cher et qui souffre,
et qui regarde le soleil à la même minute que moi ? Oh ! dans ce moment
de crise nerveuse et de mystérieuses
sensations, qu'il me serait doux de
m'asseoir entre deux amis bien gais,
de parler de femmes, de peinture et
de musique, comme on fait lorsqu'on sort de l'Opéra sur le boule-
vard Italien.

Calme.

Un souvenir sanglant dans notre destinée,
Voilà l'irréparable !

S. B.

Je ne sais quelle invisible main me protège à mon insu !... Cette fois les pressentiments ont tort.

Il me paraît que j'ai suffisamment expié le crime de mon évasion ; me

voilà libre encore, libre comme on
l'est au bagne ; le Mézence du lieu
m'a délivré du cadavre que je traînais
avec moi ; j'ai revu mon ancienne
cabine, et, le dirai-je? avec un sentiment de plaisir. O misère du pauvre
cœur humain !

Quels singuliers attraits avais-je
donc trouvés dans cette hutte immonde ? Auquel de ces meubles hideux
avais-je accordé l'honneur de mes
affections? A ce lit de sangle qui cra-
que sous mon poids, à cette table que
tant de mains sanglantes ont vernis-
sée, à ce plancher de goudron, à cet
escabeau de cuir gras? Qu'il faut peu
de chose pour tenter notre convoitise!
Et puis-je maintenant blâmer ces mi-
sérables qui prennent intérêt à leurs
travaux? Quelle révélation! Et si l'ha-

bitude allait me dominer aussi! Si,
moitié résignation, moitié pieuse
croyance, j'allais accepter la vie,
vivre mon contingent! O Dieu! viens
à mon secours; je suis dans la voie.

C'est cette épouvantable image du
sang répandu qu'il me faudra subir si
long-temps! Oh! le crime de sang est
toujours le crime; ici aucune subtilité
de sophiste ne peut changer le sens
du mot! Otez-moi ce souvenir, et je
me sens capable d'aller jusqu'au bout.
Pourquoi ne suis-je pas ici pour autre
chose?

Et si c'est un véritable crime, ne
faut-il pas se soumettre à l'expiation?

Si j'avais forfait à cent lois con-
ventionnelles, qu'on a jugé à propos

d'inscrire dans le pacte social ; si je n'étais que voleur, je leur dirais : « Prenez toute ma fortune, et délivrez-moi de mes remords. »

Mais le sang, le sang veut du sang; et quand on répugne à s'ouvrir les veines, il faut au moins souffrir un demi-siècle et prier.

LETTRE

———

« Mon cher maître,

« Vous m'avez fait jurer que je
vous instruirais de tout ce qui se pas-
sera à la maison, que ce soit une
bonne ou mauvaise nouvelle ; je croi-
rais manquer à la fidélité que je vous

dois, si je vous cachais l'horrible événement d'hier. Je crains que cette lettre ne vous parvienne pas; cet homme que vous avez connu à l'hôpital , et qui vit par vos bienfaits, m'a répondu sur sa tête de vous la faire tenir par un de ses amis. Mais venons au fait.

« Hier matin, à neuf heures, mademoiselle C*** est venue à la maison; elle était pâle et bien maigre , tellement que je ne la reconnaissais pas. Elle m'a dit avec une voix sourde : « Je veux parler à madame. » J'ai été fort embarrassé pour lui répondre ; mais comme elle me pressait beaucoup, et qu'elle se jetait à mes pieds, j'ai fait la sottise de la faire monter aux appartements. Madame était couchée et prenait du bouillon.

En entrant , mademoiselle C*** lui dit : « Vous voyez devant vous une » pauvre fille sans parents, sans amis, » repoussée de partout , qui vient » vous demander comme une grâce » de lui accorder un asile, elle vous » servira comme la plus humble de » vos servantes. »

« Madame l'a regardée quelque temps avec attention , et lui a demandé si elle n'était pas mademoiselle C***. Elle a fait un signe de tête, pour dire oui. Alors madame a fait un geste menaçant , et elle est tombée dans ses crises nerveuses. Mademoiselle C*** s'est jetée sur une chaise longue , et elle pleurait en répétant : « Je l'avais pensé, je l'avais pensé ; que je suis malheureuse ! — Pardon , mademoiselle, lui ai-je dit , faites-nous la grâce de sortir d'ici, que madame ne vous revoie plus en revenant à elle. — Oui, oui, a-t-elle répondu, je vais sortir ; mais, à votre tour, accordez-moi une grâce aussi ; conduisez-moi à l'appartement de Gustave. « Mademoiselle C*** était si pressante, et sa voix douce me touchait tellement, que je lui ai dit : « Allons, suivez-moi ; il faut vous obéir. » En ce moment madame reprenait connaissance, et deux domestiques lui prodiguaient leurs soins.

« Votre chambre n'avait jamais été ouverte depuis vous. Il y avait des toiles d'araignée entre les volets fermés et les vitres ; tout était à sa place. Mademoiselle C*** s'est assise en sanglotant sur votre fauteuil, devant votre chevalet ; elle a long-temps regardé

le petit paysage que vous n'avez pas
fini, et sur lequel il y a deux figures
tracées, assises près d'une source.
Sur votre somno, il y avait un livre
ouvert, un verre d'eau rempli à demi,
et quelques grains de sucre à côté ;
mademoiselle a considéré tout cela en
secouant tristement la tête ; elle m'a
fait ensuite un signe, mais sans parler, pour me montrer votre lit dont
les draps étaient en désordre du matin, un foulard noué, et un enfonce-
ment dans le milieu du chevet. Nous
pleurions tous deux. Elle a arraché,
avec rage, le long signet de papier
dont vous aviez marqué la page du livre, et elle a bu le verre d'eau. Je ne
croyais pas qu'il pût y avoir tant de
sujets de larmes dans d'aussi petits
détails. Mademoiselle me fendait le
cœur à chaque découverte qu'elle

faisait. Croyez-vous qu'elle a passé une demi-heure au moins dans le petit cabinet où est votre volière; vos deux loris, qui avaient des couleurs si vives, sont morts de faim. « Pauvres oiseaux! pauvres oiseaux! a dit mademoiselle; eux aussi, eux aussi. » A côté de la cage, nous avons remarqué du chanvre grossier que vous aviez préparé pour leur nid. En passant devant la glace, elle a détaché le petit médaillon de son portrait que vous avez peint. « Dis, Bruno, m'a-t-elle dit en se regardant dans le miroir, me reconnaîtrait-il aujourd'hui, comme je suis faite? » Je n'ai pas eu le courage de lui faire un compliment faux, car la pauvre femme me paraissait horrible en ce moment.

« Elle a recommencé sa tournée

dans votre chambre , en répétant toujours les mêmes choses, toujours accompagnées de pleurs. Enfin , elle a paru s'animer et prendre du courage : ses yeux sont devenus secs et son teint coloré comme autrefois ; elle a pris votre foulard sur votre lit, l'a croisé sur sa gorge comme un fichu , et m'a dit, « Sortons , Bruno ; je te remercie de tes bontés ; prends cette bague , elle est de lui. »

« J'ai pris la bague, parce qu'elle était de vous, et j'ai accompagné mademoiselle jusqu'au perron. « Et où allez-vous maintenant? lui ai-je dit ; avez-vous besoin de quelqu'un pour vous accompagner ? — Non , m'a-t-elle répondu, Bertrand m'attend à la ferme , pour me conduire chez ma marâtre. — Alors, mademoiselle , lui

ai-je dit, que Dieu veille chez vous ;
venez me voir quelquefois. »

« Le soir, vers les six heures, j'ai
vu du perron quelques paysans qui
couraient vers le vallon de la Source ;
j'ai même entendu des cris de femmes
partis de ce côté. Mon fils est arrivé
un instant après, pâle comme un
mort : « Ah ! m'a-t-il dit, quel malheur ! quel malheur ! Mademoiselle
C*** est là-bas, morte, morte, avec
un visage violet qui fait peur. » J'ai
couru tout de suite au vallon, et j'ai
trouvé la pauvre fille étendue sur le
dos, la figure couverte de ses cheveux
et votre foulard aux dents. Les paysans avaient fait un grand cercle autour d'elle, et il était défendu d'approcher jusqu'à l'arrivée de la justice
et du chirurgien.

« A huit heures, les formalités de la loi ont été remplies, et le corps a été enlevé ; le chirurgien a déclaré qu'elle s'était empoisonnée avec de l'arsenic.

« Prenez du courage, mon pauvre maître, madame votre mère va beaucoup mieux ce soir.

« BRUNO. »

Rêveries.

————

NOBLE enfant! noble fille! c'est elle qui me montre mon chemin.

Ainsi, que sert de se raidir contre la main qui nous pousse, contre la voix qui nous crie : Marche.

Ne dirait-on pas que, lorsque je prends en moi-même quelque réso-lution de bon conseil, un infernal génie est aux écoutes, et va me susciter, de par le monde, un romanesque incident qui détruit tout.

L'an dernier encore , quand je m'attendrissais aux jeux tragiques du théâtre , qui m'eût dit que je serais moi-même le héros d'un drame de sang ? Pourtant, tous ceux qui assistaient avec moi à ces spectacles, dans les mêmes soirées , sont libres , et rient avec leurs familles et leurs amis. Moi, j'ai été cueilli de prédilection comme une fleur dans un jardin immense.

Si un ange m'eût conduit avant ma naissance sur la coupole du Panthéon de Paris, et s'il m'eût dit : « Acceptes-tu la vie ? je vais te la donner. La vie est une chose d'enivrement ; regarde là-bas ; un million d'hommes vivent dans cette ville de jardins, de théâtres, de femmes et de palais, et ils sont si heureux de leur vie, que tous la conservent comme un trésor. La veux-tu pour toi? « J'aurais dit: Oui. L'ange aurait ajouté: « Ecoute: dans ce million d'hommes, la justice humaine en choisit chaque année une douzaine qu'elle frappe d'un châtiment terrible, la prison sans fin. Douze sur un million : veux-tu courir cette chance ? — Je veux la courir. »

Et j'aurais perdu à ce jeu! Perdu cette partie avec tant de chances de gain, que l'imagination se révolte en les calculant.

Bien plus, dans la France entière il arrive, à longs intervalles, qu'une

jeune femme se tue et brise du même
coup le cœur d'un homme qui l'aimait ; on cite cela comme un phénomène. Cette année , le phénomène est
tombé sur moi. Mais, me dira-t-on,
puisque cela arrive, faut-il bien que
cela arrive à quelqu'un? C'est fort
juste ; mais on conviendra du moins
que ce quelqu'un est un malheureux
de merveilleuse exception.

Si je demande aux hommes: Pourquoi? pourquoi? les hommes me re-
pondront : « Voyez le scélérat! il as-
sassine, puis il se plaint! Si tu avais
été vertueux et honnête comme nous,
tu ne serais pas ici. »

Cette solution ne me contente pas ;
je m'adresse au ciel, mais avec une
ferveur d'ame si vive, qu'il me semble

qu'une voix d'en-haut va me répondre et me calmer.

Rien au ciel, rien qu'une douce
lumière, des flocons de nuages, un
azur bien gai; c'est pour moi comme
pour les autres. — Enigme partout.

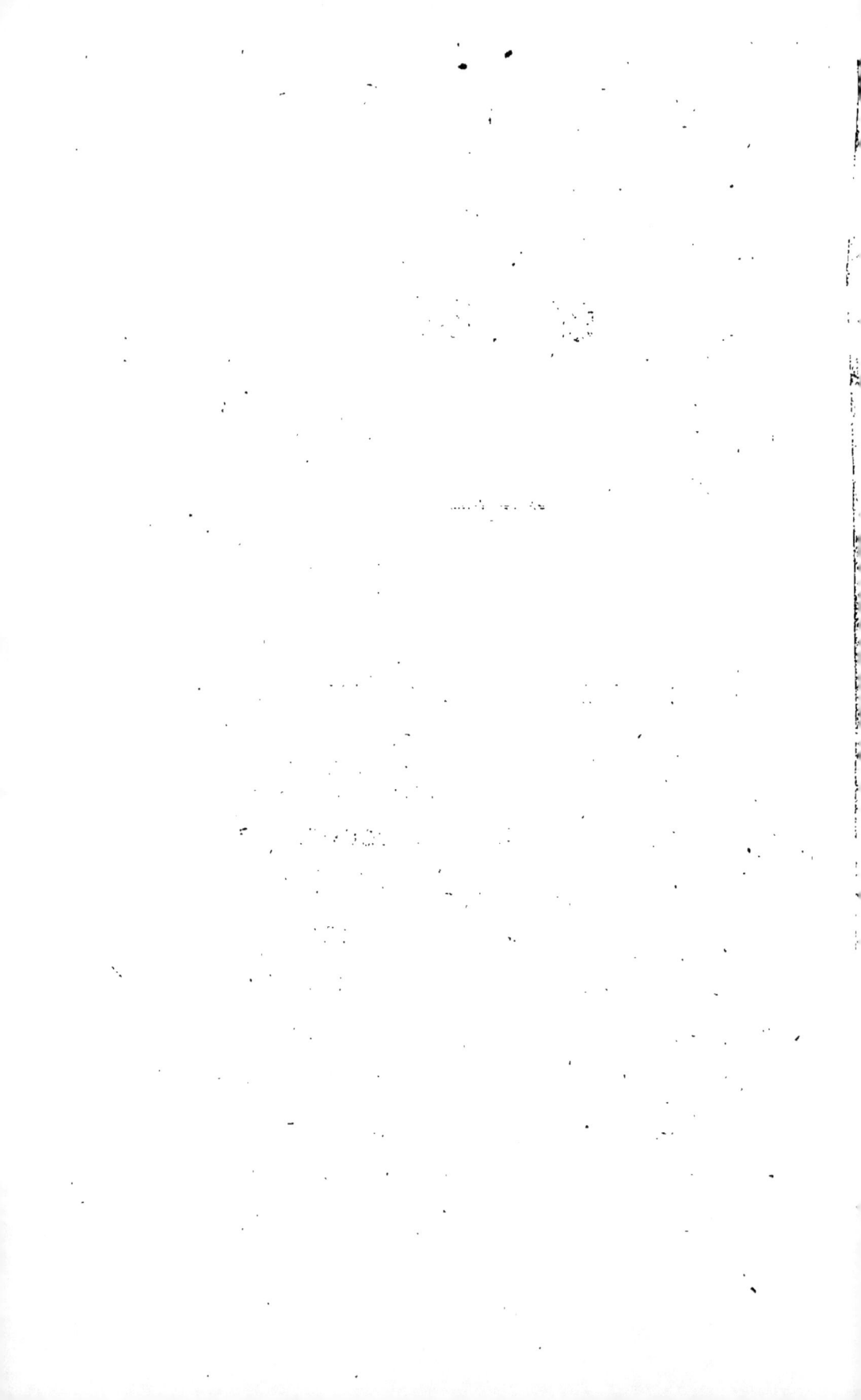

Hésitation.

———

Pourquoi a-t-elle été jetée dans mon tourbillon? Quel concours de circonstances n'a-t-il pas fallu pour que mon choix de prédilection s'arrêtât sur elle, lorsque tant d'autres avaient passé devant moi comme des ombres qui ne laissent aucun souvenir? Pauvre fille! deux fois tuée par moi et pour moi! Elle est écrasée indignement sous la terre grasse du cimetière, et les vers ont déjà com-

mencé leur festin sur ce corps de
jeune femme qui n'avait été fait que
pour eux. Et personne dans le monde
n'a pleuré sur elle que moi ; orpheline
vouée au malheur ! En ce moment
une marâtre, joyeuse peut-être, spé-
cule sur l'humble héritage de la beau-
té. Quelque revendeuse évalue, en
comptant sur ses doigts, ses fraîches
robes de bal qui n'ont plus de Camille
à revêtir, ses jolis chapeaux de paille,
son linge blanc et parfumé, ses col-
lerettes qu'elle broda sous les tilleuls,
en chantant des airs d'amour. Pauvre
fille ! un moment de coquetterie et
d'oubli t'a perdue ! Le beau crime !
Son repentir n'a fait qu'accélérer sa
seconde mort. Que ne persistait-elle
dans son infidélité étourdie ? elle serait mère aujourd'hui, heureuse, avec
un nom, avec un époux ; et moi, je

pourrais vivre encore, tandis qu'à présent, c'est une expiation nouvelle que l'enfer demande ; l'enfer sera content.

C'est que je ne puis m'habituer à cette idée de ma destruction volontaire ; ma folle et vagabonde imagination brise mon courage ; les hommes qui se suicident de sang-froid n'ont point d'imagination ; ils voient le mal présent, le mal intolérable, et ils disent : « Guérissons-nous ; que m'importe ce qu'il adviendra après ! »

Et moi, je ne puis arrêter ma pensée tout juste aux limites de ma vie ; je vois mon cadavre sanglant enlevé par quatre bourreaux de morts, et jeté, avec des railleries, dans une

fosse... Puis, mes jeunes croyances
reviennent fraîches à mon souvenir :
ces mots d'ame immortelle, de Dieu
vengeur, résonnent encore avec
toute leur puissance dans mes oreilles
comme à douze ans ; les moqueries
des gens du monde, les argumens de
la philosophie, mon ancienne et forte
raison, tout me paraît insuffisant
pour déraciner en moi ces idées, ces
impressions de l'enfance.

Ce que je puis gagner, en raison-
nant de sang-froid sur ces mystères,
c'est l'admission du doute, et le doute
suffit pour m'arrêter.

Pauvre Camille ! tu n'as pas jeté
tant de contre-poids dans ta balance.
Une détermination virile a poussé

ton bras; et moi... moi, je cherche
partout des rameaux sauveurs pour
me suspendre sur l'abîme.

Je crois que cette hésitation s'appelle en langage vulgaire... lâcheté.

Billet.

———

« Mon cher maître,

» Voici la dernière nouvelle que vous recevrez de votre fidèle serviteur ; demandez à Dieu des forces pour supporter la vie. Madame votre mère est morte ce matin, à six heures.

» Je pars demain pour Toulon,
pour y recevoir vos ordres. Mon fils
gardera la maison,

» Votre fidèle serviteur,

« BRUNO. »

2 octobre.

Résolution.

———

MA pauvre mère est morte! c'est
bien, je suis content.

Content, puisque j'ai ri en rece-
vant la nouvelle. Un fils pleure ordinairement sa mère, c'est naturel ;
mais, moi, je n'ai pas pleuré.

Mon voisin a entendu ma voix.
« L'ami, m'a-t-il dit, es-tu grâcié,
par hasard?—Oui, je suis grâcié; je

serai libre ce soir. — Ah! tant mieux!
Tu es un bon enfant! »

Au moins, je laisse une bonne réputation au bagne ; c'est quelque
chose !

Mais comment viennent les mala-
dies d'inflammations, ces fièvres sou-
daines, ces accès de cerveau qui
étouffent les gens heureux au milieu
d'un gai festin? N'y a-t-il que l'extrê-
me malheur qui soit assuré contre
l'apoplexie? Faut-il toujours que le
malheureux périsse de sa propre
main, quand la nature s'obstine à lui
maintenir la santé par dérision? Je
n'aurais qu'à la laisser agir, cette nature, et elle me soignerait en bonne
mère ; elle me donnerait le tempéra-
ment de ma nouvelle position ; elle

J'ai fait un signe au vieux Caron...
Il va venir. Il faut recourir à ce vieillard brigand pour tous les genres
d'évasion.

. . . .

Il est monté sur le ponton avec une
indifférence bien jouée ; il s'est entre-
tenu long-temps avec tous mes voisins, et ne s'est approché de moi que
comme par hasard.

« Ecoute, lui ai-je dit : pour de
l'argent, tu rends service, toi?

—Oui, mon enfant, comme tout
le monde. Est-ce que vous voudriez
vous échapper une seconde fois?

—Non, je veux me tuer.

— Ah ! c'est plus facile.

— Peux-tu me porter..... quelque chose qui tue ; voilà 20 francs ?

— Merci ; quelque chose qui tue ! Mais, oui ; ce que vous voudrez ; à votre choix.

— Avant de prendre cette peine, donne-moi un conseil. Est-il facile de se noyer sous le ponton ? y a-t-il assez d'eau ?

— Ah ! ne faites pas cette sottise ; il y a des gens ici qui ont la rage de plonger un noyé ; ce n'est pas au moins par intérêt pour lui, qu'est-ce que ça leur fait que vous vous noyez ! mais, en attendant, ils vous sauvent, et, quand ils vous ont sauvé, l'argousin

vous donne trente coups de bâton,
parce qu'il est défendu, par les régle-
mens, de se noyer.

— Parlons peu. Cherche dans ton
esprit ; je veux une arme ou du poison ; je te donne vingt-quatre heures
pour me trouver une arme ou du
poison.

—Vingt-quatre heures! c'est court;
mais enfin, je ferai ce que je pourrai;
il n'y aura pas de ma faute. Quant au
poison, il faut y renoncer; d'abord,
parce qu'on vient de faire une ordonnance en ville contre les apothicaires
qui en vendent; ensuite, parce qu'on
ne doit jamais se tuer avec du poison.
Avez-vous connu le grand juif?

— Non.

— Ah! ce n'est pas de votre temps.
L'envie lui prit de se tuer, à lui aussi ;
c'était un bon enfant : je lui procurai
du vert-de-gris de chez le fricotier où
il y a des casserolles de cuivre ; il prit
son vert-de-gris comme un brave ;
oh! là, hardiment, comme un chré-
tien. Deux minutes après, il tomba
dans l'agonie, une agonie de cheval ;
il était vert comme le pavillon de ce
brick ; ça dura huit heures : sa taille
avait perdu au moins deux pieds ;
voyez ce que c'est que le vert-de-gris!
Nous étions trois de ses amis à le regarder souffrir ; il nous fit signe de
l'achever ; Borju le ponantais, qui
est un hercule, un bœuf, lui appli-
qua son pouce ici, et l'étouffa comme un moineau : il faut être charita-
ble dans ces momens. Pour en reve-
nir à vous, à présent, si j'ai un bon

conseil, un conseil de père à vous
donner, c'est de vous couper le cou
avec un rasoir ; qu'en pensez-vous ?

Oui, j'accepte ; trouve un rasoir,
mais bon.

— Oh ! bon ; soyez tranquille : je
ne voudrais pas vous tromper ; je
fume encore de votre argent. J'en-
verrai chez le *barberot* un adroit
grinche qui lui soufflera trois rasoirs
pour un , et ça à la minute : vous
choisirez.

—Voilà 20 francs encore pour ton
adroit voleur.

— Oh ! vous, vous méritez bien
qu'on vous rende service ; nous boi-
rons demain à votre santé. A présent

vous êtes sûr d'avoir votre affaire.
Et l'estomac est-il bon au moins ?
Vous ne ferez pas la femelle ; c'est
que vous m'avez l'air douillet, mus-
cadin. Voyez, vous n'avez qu'à prendre votre rasoir, là, comme si vous
vouliez vous raser, et vous restez en
position : vous pensez à tout ce qui
vous vexe ; ça monte la tête, et,
quand la grande rage vient, crac...

—Assez, assez...

—Comme vous êtes pâle ! Aïe !
aïe ! vous ferez quelque bêtise, une
égratignure de barbier ; prenez garde.

—Ne te mêle de rien que d'ap-
porter ici ce qu'il me faut.

—Bien, voilà le ton grave, et

votre visage s'est coloré. Je vais me
mettre en campagne : demain vous
serez content. Au coup de cinq heures, si vous me voyez paraître, pré-
parez-vous, j'aurai votre affaire en
poche ; si je ne viens pas, mon tour
aura été manqué, et vous tâcherez de
vivre encore un peu, en attendant
une autre occasion : est-ce compris ?

— C'est compris.

—Si je réussis, au coup de cinq
heures comptez sur moi.

—C'est convenu.

Délire.

Bien! les orages de l'équinoxe se lèvent, les vagues mugissent dans la grande rade, le vent siffle dans les pins et les cordages : les navires du port se heurtent avec des gémissemens sourds, la pluie tombe froide comme en hiver : vive ce deuil! Le ciel m'a compris, il me donne une fête digne de moi. Ma mère, Camille, soyez contentes ; ce soir nous nous reverrons dans ces lieux profonds où les ames tristes se parlent avec le souffle : ce soir il y aura du sang frais, encore du sang, celui de l'expiation. Pauvre mère ! je l'ai vue cette nuit, non pas en songe, le songe est incohérent et vague ; c'était une horrible apparition : ma mère, assise dans sa chambre, avec sa noble figure de vingt-cinq ans; elle brodait un linge d'enfant devant un berceau vide, fière de sa maternité prochaine, comme toute jeune femme au neuvième mois de son hymen. Ses amies la félicitaient en riant, et elle disait d'une voix timide : « C'est un garçon que je demande à Dieu. » Le vœu a été exaucé... C'est bien de faire des enfans : maudite soit la stérilité des femmes ! Il faut que les vers du tombeau vivent. Voilà un salon bien illuminé ; des fleurs, des fruits, des chants, un air de fête, des rayons sur toutes les figures ; il y a de quoi, un enfant vient d'entrer dans la vie. Ah ! qu'il sera joyeux, quand il sentira son bonheur d'homme ! Ne suis-je pas né aussi comme cela, moi ? Né dans une alcove de cachemire et d'or : ma jeune mère me donnait de ces ineffables regards d'accouchée que Rubens a devinés ; mon père était glorieux et caressant, de douces paroles s'échangeaient entre eux ; ils faisaient des projets de bonheur sur mon berceau ; la maison était pavoisée ; on dansait dans le parc ; on buvait à ma naissance ; le prêtre mêlait mon nom au *memento* de la messe ; et ce corps d'enfant a mis trente ans à grandir ; c'est un homme aujourd'hui. Sonnez, joyeuses cloches de son baptême ! on

jetera ce soir son cadavre dans le
cimetière des forçats!

Oh! c'est cette pensée de la destruction, cette pensée bien sentie,
bien méditée, qui devrait dans un
seul jour changer l'univers en mo-
nastère ou en tombeau. Un siècle
viendra peut-être où chacun rougira
de jouer cette farce ridicule qu'on
nomme la vie, et donnera sa démis-
sion de vivant, et secouera librement
son fardeau avant que le squelette de
l'agonie ne l'étouffe, en cheveux
blancs, sur un matelas. N'est-ce pas
pitié de voir cette foule étourdie et
insoucieuse qui passe devant un cor-
billard, et ces messieurs du convoi
qui rient en carrosse? « Qui passe là-
bas? —Rien, c'est un mort, » Et l'on

court aux spectacles , on cabale pour
un emploi , on fonde un établisse-
ment , on plante des chênes et des
marronniers ; puis on trouve en chemin la mort , la seule chance inévi-
table que les plus prévoyants n'aient
pas prévue. Les enfants pleurent un
jour , et leur bruyante consolation du
lendemain scandaliserait le défunt res-
suscité. Ainsi fait-on dans les villes
ces vastes hospices de fous , avec leurs
cages numérotées et leur ceinture de
tombeaux.

Ah , malheureux! tu fais fi de la vie ;
y rentrerais-tu s'il t'était donné d'y
revoir libres tous les êtres qui te sont
chers?

Le monde ! le monde ! que les malheureux le maudissent , c'est conce-

vable ; mais cette œuvre de Dieu est belle, c'est une chose d'enivrement ! Qu'importe de mourir après une vie pleine ! Le monde, c'est ce globe immense où il y a des chemins pour tous les voyages et des merveilles pour tous les yeux ; où il y a des îles de palmiers jetées sur l'Océan, comme de fraîches hôtelleries ; des forêts vierges toutes pleines d'oiseaux dorés qui chantent sans auditoire ; des vallées sans nom, où des femmes nues dorment sous l'aloës ; des fleuves unis comme des lacs, où les barques passent le soir avec des voiles de cachemire. Ceylan, assise sur les perles et le corail ; les Maldives semées sur la mer comme des étoiles ; Batavia, verte et fraîche sous l'équateur ; l'Archipel indien, continent de forêts que découpa l'Océan ; l'immense

presque'île qu'arrose le Gange , où
l'on trouve des cataractes qui ont
creusé des gouffres sans fond ; des
vallons retirés, vêtus d'arbres incon-
nus, baignés de sources vives, où les
oiseaux s'abreuvent sans peur ; des
hangards de bambou, aux persiennes
d'osier , suspendus sur l'anse d'un
fleuve, avec leurs frêles balcons ta-
pissés des roses de Ceylan. Voilà quel
serait le monde de mon choix, si j'a-
vais à recommencer la vie ; pays de
sauvage indépendance , comme il en
faut aux hommes d'élite qui ne veulent pas signer le pacte social, qui se
suffisent à eux-mêmes, qui manquent
d'air dans notre étouffante civilisa-
tion ; pays où l'on regarde comme
non avenu tout ce qu'ont écrit les
sages sur l'injustice des hommes et
les dégoûts de la société ; où l'on peut

lire , avec un sourire de pitié , cette
absurde comédie qui nous montre un
misanthrope millionaire , un misanthrope homme de cour , déjà sur
l'âge , s'escrimant, pendant cinq actes
mortels , contre les hommes, lorsqu'il
lui eût été bien plus noble et bien
plus aisé de se taire et de partir pour
l'Inde avec sa fortune , trente ans
avant le lever du rideau. O dévergon-
gade de la pensée ! Retombe sur ton
escabeau , forçat agonisant ; ne sens-
tu pas brûler sur ton épaule le stig-
mate qui t'a flétri? Lettres pesantes !
Leurs lignes de feu se détachent , en
ce moment de crise , avec tant de relief, que je puis les lire en imagination. C'est l'enfer qui me pique avec
cet aiguillon : attends , attends ; on
aiguise l'arme sur la pierre ; je suis à
toi. Camille , ma mère , vous serez

contentes ; tout marche au gré de mes vœux ; cinq heures sonnent ; le ciel se cuivre, les éclairs déchirent l'horizon ; de larges gouttes d'eau tombent et se gonflent dans le bassin ; les pêcheurs rentrent dans le port à coups de rame : deuil, deuil partout ; toute poésie de consolation s'éteint dans la rade et sur les collines : c'est un jour sans lendemain. Mon Dieu ! pardonne-moi ; voici l'horrible vieillard !

NOTES

———

Page 88. — D'ingénieuses idées éclatent tout-à-coup dans ces cerveaux d'architectes faussaires ou assassins.

Nulle part le génie de l'invention n'a fait plus de progrès qu'à l'arsenal de Toulon. Chaque jour une nouvelle découverte y simplifie la statique, les constructions navales, l'architecture, la fonderie. Il n'est pas étonnant que les forçats, qui sont presque tous ouvriers adroits et intelligents, par métier, prennent un si vif intérêt à leurs travaux. Ils ne connaîtraient jamais le découragement et le désespoir, si leur nourriture était meilleure, et leur code pénal moins arbitraire et plus doux.

Le savant M. Pruss, directeur des travaux hydrauliques de Rochefort, a publié sur l'amélioration des bagnes un mémoire plein de philanthropie et de raison. Il trouve naturellement sa place à la suite de ces notes.

M. Maurice Alhoy cite le mémoire de M. Pruss, avec tous les éloges qu'il mérite, dans son livre si curieux des bagnes de Rochefort.

NOTES SUR LES FORÇATS,

PAR M. PRUSS.

DIVISION DES FORÇATS PAR CATÉGORIES.

Appelé à faire partie de la commission qui a été chargée d'émettre son opinion sur l'utilité de la division des forçats par catégories, j'ai été d'avis, comme tous les autres membres, que le systême proposé par M. Quantin était préférable au régime actuel, mais seulement dans le cas où les catégories seraient isolées dans des ports différents. J'ai pensé aussi que les avantages offerts par ce système, ainsi modifié, seraient compensés par d'assez graves inconvénients : en effet, la réunion de tous les forçats à vie dans le même bagne ne serait peut-être pas sans dangers, et rendrait au moins la garde et la surveillance plus difficiles et plus dispendieuses ; on aurait d'ailleurs à craindre qu'il ne fût pas possible d'occuper utilement tous ces condamnés sur un même point ; et, d'un autre côté, on serait forcé d'affecter à la fatigue, dans les autres ports, des hommes qu'il serait convenable d'employer d'une manière plus avantageuse pour eux-mêmes et plus productive pour l'Etat ; enfin la répartition des forçats dans les bagnes des diverses catégories serait une mesure dont l'exécution présenterait de nombreuses difficultés.

NÉCESSITÉ DE DONNER AUX CHIOURMES UNE ORGANISATION RÉGULIÈRE.

Reconnaissant l'impossibilité de remédier en détail à ces inconvénients, j'ai cru devoir envisager la question d'une manière plus générale, et j'ai recherché s'il ne serait pas possible de créer un système qui, en maintenant la répartition actuelle des condamnés, offrît en même temps des moyens propres à améliorer leur moral, à assurer la sûreté des bagnes, et à produire les meilleurs résultats possibles sous le rapport des travaux.

La question du perfectionnement du régime des chiourmes a acquis un nouveau degré d'importance depuis que les rapports de M. le marquis de Barbé-Marbois, en faisant ressortir l'exagération des plaintes portées contre les forçats libérés, ont prouvé qu'il pouvait être utile de conserver les bagnes, et ont, en outre, démontré l'impossibilité de substituer la peine de la déportation à celle des travaux forcés.

J'ai cru reconnaître que le vice principal du régime actuel était le défaut d'organisation régulière. En agissant sur des masses non organisées, on rencontre constamment une force d'inertie considérable ; les hommes n'y sont point individualisés ; ils ne sont les uns par rapport aux autres, que des éléments sans lien et sans solidarité. Il en résulte que l'action des agents de surveillance ne pénètre pas dans l'intérieur des masses, et se trouve presque toujours arrêtée à la surface ; de là résulte aussi, dans l'emploi des condamnés, un manque d'ordre, de régularité et de continuité, qui est extrêmement préjudiciable à la prompte exécution des travaux.

Il me paraît donc utile de donner aux chiourmes une organisation régulière, et je regarde comme indispensable de confier aux mêmes agents la garde des forçats et la surveillance des travaux. C'est d'après ces principes que j'ai rédigé le projet d'organisation détaillé ci-après.

PROJET D'ORGANISATION.

J'ai pris pour base la disposition prochaine du bagne de Rochefort qui, lorsqu'il aura été complété, sera composé de
quatre salles égales et pourra servir au
logement d'environ deux mille forçats;
chaque salle contiendra quatre bancs, et
chaque banc recevra de cent vingt à cent
trente condamnés. Il serait facile d'appliquer, dans les autres ports, l'organisation projetée, en lui faisant subir quelques modifications que les différences de
localités rendraient nécessaires.

Toute la chiourme sera divisée en deux
catégories : l'une formée des condamnés
à temps, l'autre des condamnés à perpétuité.

La première occupera trois salles, la
quatrième salle ne sera occupée que par
les hommes de la seconde catégorie.

Tous les condamnés a temps seront affectés à des travaux d'art et d'intelligence; tous les condamnés à perpétuité seront réservés pour les travaux de force.

Les hommes de la première catégorie seront classés par corps d'état; ceux qui sont sans profession, ou qui ont exercé des professions non utilisées dans les ports, seront classés comme apprentis dans la proportion des besoins des divers chantiers.

On divisera les condamnés par escouade de dix hommes, parmi lesquels on choisira un chef et un sous-chef; deux escouades réunies formeront une brigade, qui sera mise sous les ordres d'un caporal ou sergent de chiourmes; enfin, six brigades formeront une compagnie, à la tête de laquelle on placera un sous-adjudant, et qui occupera un banc. Le commandement des quatre compagnies de chaque salle sera confié à un adjudant.

Les adjudants, les sous-adjudants et les sergents seront chargés de surveiller les forçats, dont ils auront le commandement, dans les salles du bagne et sur les chantiers, sous le triple rapport de la moralité, de la sûreté et du bon emploi du temps.

Des sergents, placés à la suite des compagnies, seront destinés à remplir les vacances qui pourront survenir, et, en outre, à surveiller les condamnés malades dans les salles de l'hôpital.

Les chefs et sous-chefs d'escouades seront tenus d'assurer le maintien de l'ordre parmi leurs subordonnés, de diriger leurs travaux en les partageant, de s'opposer aux évasions, et enfin, de seconder les sous-officiers des chiourmes dans l'exécution de toutes les mesures qui seront prescrites.

On attachera ces hommes aux nouveaux devoirs qui leur seront imposés en les faisant jouir de divers avantages propres à rendre leur sort plus supportable, et surtout à les élever au-dessus des autres condamnés.

Les forçats de chaque escouade seront classés entre eux par rang d'âge : les chefs et sous-chefs seront répartis sur les bancs de manière à diviser les compagnies en demi-escouades.

Pour la facilité des travaux, les hommes de la première catégorie seront mis en chaussette, et porteront seulement une petite manille d'acier ; l'accouplement ne sera employé pour eux que comme moyen de correction.

Tout forçat, qui se sera évadé, ne pourra plus être mis en chaussette; il en sera de même pour tout chef ou sous-chef d'escouade qui sera convaincu d'avoir eu connaissance d'un projet d'évasion et de ne pas s'être opposé à son exécution, soit directement, soit en en donnant avis au sergent de la brigade.

La seconde catégorie recevra la même organisation que la première; mais pour multiplier les moyens de surveillance, on attachera en outre un caporal à chaque escouade.

La nécessité de maintenir dans les salles le plus grand ordre possible, exige que tous les individus qui y sont renfermés soient soumis au même régime, et en conséquence il paraît indispensable d'isoler dans un local particulier les hommes condamnés à la double chaîne, et ceux qui seront retenus au bagne par

mesure de correction. C'est pour ces
grands criminels, dont l'influence per-
nicieuse agit puissamment sur la masse
des condamnés, et non pour les forçats
à court terme, comme le propose M.
Quantin, qu'il me semble convenable de
faire usage du système cellulaire.

Un petit bâtiment, contenant une cinquantaine de cellules, sera construit à
l'extrémité de la grande cour du bagne;
chaque cellule aura deux mètres cinquante centimètres de longueur sur un
mètre vingt-cinq centimètres de largeur,
avec un jour placé à deux mètres au-dessus du sol.

L'approche de ce bâtiment sera défen-
due par un entourage en chaînes.

Les compagnies de gardes-chiourmes
seront supprimées, et les forçats seront
gardés par des factionnaires dont le pla-

cement sera indiqué chaque jour par l'administration de la chiourme. Il est facile de juger qu'il suffira d'affecter journellement à ce service un détachement peu considérable, et qu'il y aura même lieu de le réduire successivement, à mesure que les bons effets du nouveau système commenceront à se faire sentir.

L'organisation proposée, analogue à celle qui a été adoptée pour les prisonniers de guerre, sera une mesure avantageuse sous le rapport de la moralité des forçats : elle permettra d'établir une échelle de récompenses et de peines, et de donner ainsi à ces hommes un intérêt puissant à se bien conduire; l'action continue des mêmes chefs sur les mêmes subordonnés aura pour effet d'imprimer à la vie de ces derniers une plus grande régularité, et la division des compagnies en demi-escouades s'opposera d'une mamière efficace au développement de la corruption; les forçats à temps seront séparés de ceux à perpétuité, et ces derniers même, jouissant d'une existence plus tranquille, seront disposés à subir leur peine avec plus de résignation.

Cette mesure sera également avantageuse sous le rapport de la sûreté des bagnes. La surveillance descendra facilement jusqu'aux dernières ramifications, et sera plus exacte parce qu'elle sera plus circonscrite; les individus, placés à la tête des escouades, ne seront plus livrés sans défense à l'influence corruptrice des grands scélérats; ils ne seront plus auprès d'eux comme des compagnons, mais comme des chefs, jouissant d'une autorité réelle et ayant intérêt à la faire respecter pour pouvoir conserver les avantes qui y auront été attachés; ce ne sera plus de l'espionnage qu'on leur demandera, mais l'exercice d'une surveillance qui sera pour eux sans danger, et qui n'aura rien d'avilissant.

Enfin, cette mesure sera avantageuse sous le rapport de l'emploi des forçats : l'organisation des compagnies se prêtera à toutes les répartitions, suivant les besoins journaliers des ateliers; les chefs d'escouades, pris en général parmi les meilleurs ouvriers, car ce sont ordinairement ceux qui ont la conduite la plus régulière, seront aptes à remplir dans les chantiers l'emploi d'aides-contre-maîtres, et les sergents des chiourmes, s'ils sont convenablement choisis, seconderont très-utilement les maîtres dans la surveillance des travaux, surtout s'ils sont intéressés par une haute paie proportionnelle à l'avancement et à la bonne confection des ouvrages.

Le contact entre les individus des deux

catégories sera à peu près nul dans le
bagne et sur les chantiers; on pourra
également le rendre presque nul à l'hôpital. Peut-être, au reste, serait-il plus
convenable de traiter sans déplacement
les forçats malades de la seconde catégorie? Le nombre des condamnés à perpétuité n'étant habituellement que d'environ quatre cents, un cinquième de leur
salle pourrait être séparé par un mur de
refend, pour former une infirmerie.

Les adjudants et les sous-adjudants ne
partagent pas la défaveur déversée sur
les compagnies de gardes-chiourmes; on
peut donc espérer que les sergents, placés immédiatement sous les ordres de
ces sous-officiers, jouiront également
d'une bonne réputation, et qu'ainsi il
sera facile de les recruter parmi les ouvriers civils et militaires; il sera juste
d'ailleurs de leur accorder les avantages
attribués aux sous-officiers qui se trou-

vent attachés aux compagnies de disci-
pline.

On peut ajouter une considération à
celles que la commission a fait valoir pour
prouver qu'il est inutile de séparer les
nouveaux forçats des anciens; c'est que
la division par catégories existe déja en
partie dans les bagnes, et que tous les
condamnés n'y sont pas, comme le croit
M. Quantin, confondus indistinctement.
Au bagne de Rochefort, la salle Saint-
Antoine renferme tous les forçats à
perpétuité et les forçats à temps réputés les plus dangereux; la salle St.-
Gilles, les condamnés à long terme, et
l'ancienne caserne Martrou, les condamnés à court terme. On a renoncé depuis
long-temps, du moins à Rochefort, à l'u-
sage d'accoupler un grand criminel avec
un forçat à court terme, et l'administration a reconnu que, s'il était de son devoir de prévoir les évasions, c'était pour
elle un devoir encore plus sacré de

s'abstenir de toute mesure qui aurait pour résultat d'augmenter la démoralisation des condamnés.

APPLICATION DES FORÇATS AUX TRAVAUX.

Après avoir adopté des dispositions générales, propres à améliorer le moral des forçats et à assurer la sûreté des bagnes, le département de la marine doit chercher particulièrement à obtenir la compensation de la dépense des chiourmes par des travaux utiles, ou au moins à approcher le plus possible de ce résultat. Pour y parvenir, il faut que l'on s'accoutume, dans les ports, à regarder les forçats comme des ouvriers ; que tous sans exception soient tenus d'exécuter journellement une tâche ; que les mêmes hommes soient constamment affectés aux chantiers, qu'ils s'y rendent à la cloche et ne les quittent pas plutôt que les ouvriers libres ; que les agens, préposés à la conduite des ateliers, aient sur les con-

damnés une action immédiate et continue, et que, hors le cas d'une absolue
nécessité, aucune mesure de surveillance
ne puisse gêner ou entraver l'exécution
des travaux.

SERVICE INTÉRIEUR DU BAGNE.

Les corvées du service intérieur doivent être faites indistinctement dans chaque salle, à tour de rôle, par toutes les
escouades, avant ou après les heures de
travail, et il ne paraît pas nécessaire d'affecter spécialement des hommes à ce service, comme on l'a fait jusqu'à ce jour.

SUPPRESSION DES TRAVAUX A LA JOURNÉE.

Il est essentiel de renoncer entièrement
au mode de travaux à la journée, et de
mettre tous les ouvrages de forçats à la
tâche. On sait combien sont illusoires les
comptes des bénéfices produits par l'em-

ploi des forçats à la journée et combien
ce mode est favorable aux abus de toute
espèce.

SALAIRES DIFFÉRENTS POUR LES CONDAMNÉS
DES DEUX CATÉGORIES.

Il est essentiel aussi, dans l'intérêt bien
entendu des travaux, que tous les condamnés reçoivent un salaire; mais il convient d'établir des tarifs différents pour
les deux catégories, et d'exercer, sur les
sommes dues aux hommes de la première, des retenues destinées à leur être
remboursées au moment de leur libération.

PAIEMENT JOURNALIER DES FORÇATS.

On a eu souvent, au port de Rochefort, l'occasion de remarquer que l'on
faisait produire aux forçats, avec le même
salaire, une masse de travaux plus con-

sidérable, lorsqu'on les payait régulière-
ment tous les soirs. La division de la
chiourme par compagnies permettrait
d'adopter pour tous les travaux cette
marche, qui n'a pu être suivie jusqu'à
présent que pour quelques grands ouvrages, et de solder journellement aux adjudants des à-comptes réglés sur l'effectif
des escouades qui rapporteraient la preuve qu'elles auraient exécuté les tâches im-
posées. Il ne serait fait d'ailleurs des mé-
trés d'ouvrages qu'à la fin de chaque mois,
pour arrêter le décompte de chaque escouade et de chaque condamné.

ATELIERS ISOLÉS POUR LES FORÇATS.

Le contact habituel des forçats avec les
ouvriers libres exerce une funeste influence sur la moralité de ces derniers ; il est
donc nécessaire que les ouvriers forçats
soient placés dans des ateliers isolés, et
ne puissent se trouver en rapport qu'avec
les maîtres et contre-maîtres.

COMMISSION DE SURVEILLANCE DE LA CHIOURME.

Le besoin qu'a le département de la marine de tirer du travail des forçats le plus grand parti possible, et la nécessité de coordonner les dispositions relatives à leur emploi avec celles que réclame la sûreté des bagnes, me paraissent exiger, dans chaque port, la formation d'une commission permanente qui serait chargée de proposer toutes les mesures qui lui paraîtraient propres à perfectionner le régime des chiourmes. Cette commission, dont les attributions auraient quelque analogie avec celles des comités des prisons, serait composée d'officiers des services qui emploient le plus grand nombre de forçats, de l'administrateur du bagne, du commissaire-rapporteur près les tribunaux maritimes, et de l'un des membres du conseil de santé.

Le passage du système actuel au système proposé donnera naissance à diverses difficultés, dont il importe d'apprécier l'importance, et que je vais examiner sommairement.

LES FORÇATS COMMANDÉS PAR D'AUTRES FORÇATS.

Quelques personnes pourront regarder comme illusoire la mesure indiquée de faire garder et commander des forçats par d'autres forçats ; on a cependant, dans les colonies, l'exemple d'esclaves commandant d'autres esclaves, et sachant très-bien s'en faire obéir ; on a aussi, dans plusieurs chantiers du port, l'exemple de forçats, chefs d'ouvrages, qui ne sont distingués de leurs camarades, que par une paie un peu plus forte, et qui les dirigent néanmoins dans leurs travaux.

On craindra sans doute aussi de rendre

la garde des condamnés plus difficile et même de compromettre la sûreté des bagnes, en ne faisant porter qu'une simple manille à la presque totalité des hommes de la première catégorie. Cette appréhension paraîtra peu fondée si l'on remarque que les hommes réputés dangereux continueront à être accouplés, que les autres, jouissant d'une meilleure existence, auront moins le désir de s'évader, et qu'ils seront surtout retenus par la crainte d'être mis en couple jusqu'à la fin de leur temps, s'ils venaient à être repris.

RÉDUCTION DU NOMBRE DES FORÇATS EMPLOYÉS AUX TRAVAUX DE FORCE.

On pourra objecter qu'on emploie actuellement pour les travaux de force un nombre de forçats supérieur à celui de la deuxième catégorie; mais il y aura lieu d'examiner si le nombre actuel doit être maintenu, et si, en le réduisant au strict

nécessaire, conformément à l'opinion
émise par le conseil d'administration du
port, dans sa séance du 17 janvier 1825,
il ne se trouverait pas considérablement
diminué. Cette réduction aurait pour résultat de faire employer dans les arse-
naux plus de machines et plus d'attela-
ges ; ce qui produirait une véritable éco-
nomie sur le budget total de la marine.

FRAIS DE L'APPRENTISSAGE DES FORÇATS.

Enfin on pourra redouter les frais de
l'apprentissage auquel il serait nécessaire
de soumettre les deux tiers environ des
hommes de la première catégorie. Cette
opération serait sans doute très-longue et
très-dispendieuse, si l'on se bornait au
mode machinal et purement d'imitation,
usité dans la plupart des ateliers ; mais les
pertes de temps seront bien moindres si
l'on fait suivre aux forçats un apprentissage raisonné, et si les maîtres sont tenus

de leur enseigner la pratique de leur art le plus méthodiquement qu'il sera possible.

MOYEN DE RENDRE L'EMPLOI DES FORÇATS MOINS PRÉJUDICIABLE A LA POPULATION OUVRIÈRE DES PORTS.

Des inconvénients plus graves pourraient résulter de la création d'un très-grand nombre d'ouvriers forçats : il serait à craindre que leur emploi ne devînt nuisible à la population ouvrière des ports, et n'occasionnât une trop grande consommation de matières. On parviendra à rendre ces inconvénients moins sensibles, en réservant certaines professions à la population des ports, en affectant le plus grand nombre possible de forçats ouvriers au service des travaux hydrauliques, en leur faisant extraire ou produire quelques-uns des matériaux qu'ils devaient mettre en œuvre, et enfin en rétablissant le bagne de Cherbourg. Si ces mesures étaient

insuffisantes, on ne devrait pas rendre à
la fatigue une partie des forçats à temps,
puisqu'il est nécessaire de leur procurer
les moyens de gagner leur subsistance à
l'époque de leur rentrée dans la société ;
mais il serait plus convenable que le département de la marine s'entendît avec
celui de l'intérieur pour lui remettre les
condamnés qu'il ne pourrait pas utilement
employer.

INSTRUCTION ÉLÉMENTAIRE,

Quel que soit le système adopté pour
l'organisation des chiourmes, l'instruc-
tion élémentaire en sera le complément
indispensable. On devra établir une école
dans chaque salle, et tous les forçats,
même ceux qui sont condamnés à perpétuité, devront être appelés à profiter
de l'enseignement.

BANCS, OU TOLARTS, EN FONTE DE FER.

Les bancs, ou tolarts, sur lesquels couchent actuellement les forçats, sont sem-
blables aux lits de camp que l'on trouve
dans tous les corps-de-garde; les planches
ne sont pas clouées et on peut les enlever,
aussi souvent qu'on le veut, pour aérer le
sol. Le mauvais état de ces bancs rendant
leur remplacement indispensable, on a
pensé qu'il convenait de leur substituer
un système de charpente en fonte de fer,
et le ministre de la marine a approuvé le
projet qui lui a été présenté.

Les avantages produits par ce change-
ment, sous les rapports de propreté et de
salubrité, sont trop sensibles pour qu'il
soit utile d'en faire le détail; d'un autre
côté, il est facile de voir que l'excédant
de dépense qui en résultera sera plus que

compensé par l'excédant de durée des tolarts.

Les diverses propositions, développées dans la note ci-dessus, sont uniquement relatives à l'administration des chiourmes; les questions de législation étaient étrangères au sujet que j'avais à traiter, j'ai dû éviter de les y introduire.

Pour satisfaire autant qu'il dépend de moi aux désirs de M. M..., je vais exposer aujourd'hui mes principales idées sur cette matière.

DE LA PEINE APPLIQUÉE AUX FORÇATS POUR FAIT D'ÉVASION.

La peine infligée aux forçats, pour évasion, est la prolongation de celle des travaux forcés pendant trois années : cette action est-elle donc réellement un crime, et la loi, qui a pour objet de la réprimer,

n'est-elle pas beaucoup trop rigoureuse?
Sans doute l'intérêt de la société exige
que l'on prenne des mesures efficaces pour
prévenir les évasions; mais cet intérêt
bien entendu exige aussi que les peines
soient toujours graduées suivant les délits. Si l'on répond que les forçats, ayant
été frappés par une première condamna-
tion, ne doivent plus être traités d'après
le droit commun, et qu'on ne peut consulter à leur égard que les règles de l'u-
tilité publique; je ferai remarquer que la
législation actuelle, qui applique indistinctement la même peine à tous les éva-
dés, les punit dans le rapport inverse du
temps qu'ils ont encore à passer au bagne, et tend, par conséquent, à favoriser
l'évasion des grands criminels. Je pense
donc qu'il ne convient pas d'appliquer la
peine des travaux forcés pour le fait de
simple évasion, et que, dans le cas où
cette peine paraîtrait devoir être conser-
vée, il serait utile d'en proportionner la

durée au temps restant à faire au forçat
évadé.

DES TRIBUNAUX MARITIMES.

Les forçats sont justiciables d'un tribunal particulier qui porte le nom de
tribunal maritime spécial, et dont la com-
position est analogue à celle des conseils
de guerre; ne serait-il pas plus régulier
de les faire juger par des tribunaux ordinaires, et ne doit-on pas regarder la ju-
ridiction des tribunaux maritimes spé-
ciaux comme ayant été abolie par les ar-
ticles 62 et 63 de la Charte?

La même observation s'applique aux
tribunaux maritimes qui jugent les délits
commis par toute espèce d'individus dans
l'enceinte des établissements maritimes.

Je me plais à reconnaître que ces tribunaux rendent la justice avec prompti-

tude et impartialité ; mais ce motif ne suffit pas pour justifier l'illégalité de leur existence, et l'on ne peut trop se hâter d'entrer complétement à cet égard, comme à tant d'autres, dans les voies constitutionnelles.

DES CONSEILS DE GUERRE.

Le département de la marine, délivré des dépenses que lui occasionnent ses tribunaux exceptionnels, ne conserverait plus que les conseils de guerre permanents des cinq ports militaires.

Peut-être même serait-il avantageux de modifier cette institution et de créer, au moins pour le temps de paix, des cours d'assises militaires, qui ne différeraient des cours d'assises départementales qu'en ce que les jurés seraient exclusivement choisis parmi les officiers militaires.

DES PEINES EN MATIÈRE CRIMINELLE.

La législation pénale me paraît être entachée de vices radicaux, et je m'étonne que des voix ne s'élèvent pas de toutes parts pour en réclamer la révision. Sans parler de la peine de mort et de la marque, dont l'abolition ne peut plus être long-temps ajournée, je ferai remarquer combien il a été peu judicieux de confondre sous la même dénomination, *travaux forcés*, une peine perpétuelle et une peine temporaire. La loi, qui a déclaré le criminel condamné à perpétuité indigne de rentrer jamais dans la société, fait cependant partager son sort au forçat à qui elle accorde le droit d'y reparaître après un certain temps; il résulte de cette confusion qu'au moment où elle fait tomber les fers de ce dernier, elle se trouve impuissante pour le dépouiller du manteau d'infamie dont elle l'a imprudemment couvert. C'est donc à la loi qu'il faut attribuer en grande partie les crimes des forçats libérés ; c'est elle qu'il est urgent de changer, et la division par catégories n'est qu'un palliatif tout-à-fait insignifiant. Le seul moyen efficace de remédier au mal consiste à attacher exclusivement l'infamie légale aux peines perpétuelles.

La transformation du travail, même le plus pénible, en peine afflictive et infamante, m'a toujours paru un contre-sens ; c'est plutôt l'oisiveté forcée qui doit devenir un châtiment, et le travail, source de tout bien, doit être réintégré au plutôt dans ses droits à l'estime publique. La dénomination la plus convenable de la peine perpétuelle ne se trouve-t-elle pas fournie naturellement par la chaîne que portent les condamnés?

La déportation, dont on a tant exagéré les avantages, qui est impraticable en temps de guerre et très-dispendieuse en tout temps, ne me semble pas devoir être maintenue; la réclusion a seulement besoin d'être modifiée, le carcan doit être réservé pour les condamnés à la chaîne, et le bannissement pour la répression de quelques crimes politiques; enfin, il me paraît nécessaire de remplacer la dégradation civique par l'interdiction de certains droits civiques, civils et de famille.

L'isolement et l'oisiveté forcée formeraient le complément nécessaire et suffisant de la peine de la chaîne et de celle de la reclusion, en donnant la facilité de graduer les châtimens suivant les crimes, et le travail serait présenté aux condamnés comme un moyen d'améliorer leur existence.

Sera-t-il utile, indispensable de continuer à affecter les condamnés à la chaîne aux travaux des ports militaires? Cette question paraîtra embarrassante à quelques personnes, mais elle sera résolue af-

firmativement par toutes celles qui s'ima-
ginent qu'un mode long-temps suivi ne
peut pas manquer d'être excellent. Quant
à moi, je pense que le mode actuel doit
être proscrit dans l'intérêt de la morale
publique et aussi dans celui du département de la marine : l'exemple du châtiment est d'un effet presque nul pour les
habitans du lieu de la résidence du condamné; les grands rassemblemens de criminels
favorisent singulièrement le développement de la corruption, leur contact iné-
vitable avec la population ouvrière des
ports exerce sur elle une influence perni-
cieuse; la nécessité de les faire travailler
hors du bagne, occasionne des frais de
garde considérables; enfin partout où la
main-d'œuvre est abondante, il est bien
rare qu'on en fasse le meilleur emploi
possible, et quelques succès particuliers,
dépendant des hommes et des localités,
ne doivent pas empêcher de reconnaître
que les résultats généraux du système
actuel sont très-peu satisfaisants.

Tout se réunit donc pour démontrer qu'il est nécessaire d'établir dans chaque département un bagne et une maison de reclusion ; les bagnes devront être disposés de telle sorte que les condamnés à la chaîne soient tous placés dans des cellules particulières, et il convient que ceux qui ne seront pas assujettis à l'isolement, ne puissent se trouver rassemblés qu'aux heures de travail. Il serait à désirer que le même mode fût adopté pour les reclus : livrés ainsi, chaque jour, à eux-mêmes, ils contracteraient l'habitude de réfléchir sur leur position, et il y a lieu de croire que cette habitude contribuerait efficacement à les rendre meilleurs.

L'entretien des bagnes et des maisons de reclusion serait sans doute peu dispendieux, parce que, d'une part, on pourrait réduire au moindre taux possible la valeur des fournitures faites par l'État, ce qui aurait aussi pour résultat de mieux faire sentir aux condamnés le besoin du tra-

vail, et que, de l'autre, on devrait prélever
une partie de leur salaire, pour l'affecter
au remboursement des dépenses des établissements. Ce prélèvement paraîtrait
convenablement fixé aux deux tiers pour
les condamnés à la chaîne, et au tiers
seulement pour les reclus ; les uns et les
autres ne recevraient cependant qu'un
tiers pour améliorer leur existence, mais
le dernier tiers du salaire des reclus serait
mis en réserve pour former une masse qui
leur serait comptée au moment de leur
libération. Il serait essentiel, pour prévenir les abus et les non-valeurs, que la
main-d'œuvre des bagnes et des maisons
de reclusion fût toujours mise en adju-
dication avec publicité et concurrence ;
ce serait sans doute aussi le meilleur
moyen d'utiliser les forçats détenus dans
les bagnes actuels.

FIN

IMPRIMERIE
DE
J. BOUDON-CARO
A. AMIENS.